L'ABBÉ WETTERLÉ
Ex-Député au Reichstag et à la
Chambre d'Alsace-Lorraine

Ce qu'était l'Alsace-Lorraine

et ce qu'elle sera

(Neuf Conférences)

Préface de M. Maurice WELSCHINGER
Membre de l'Institut

L'ÉDITION FRANÇAISE ILLUSTRÉE
8, Boulevard des Ca   8 -:- Paris.

Ce qu'était l'Alsace-Lorraine
et ce qu'elle sera

Il a été tiré de cet ouvrage 25 exemplaires sur papier de Hollande numérotés de 1 à 25.

L'Abbé E. WETTERLÉ

ANCIEN DÉPUTÉ AU REICHSTAG
ET A LA CHAMBRE D'ALSACE-LORRAINE

Ce qu'était l'Alsace-Lorraine
et ce qu'elle sera

(9 CONFÉRENCES)

Préface de M. Henri WELSCHINGER
Membre de l'Institut

L'ÉDITION FRANÇAISE ILLUSTRÉE
8, Boulevard des Capucines, 8
PARIS

1916

A la mémoire de
PAUL DÉROULÈDE
le grand ami de
l'ALSACE-LORRAINE

le chantre de la Revanche, celui qui prépara les justes réparations du droit et qui, hélas, ne vit pas l'aurore du grand jour.

PRÉFACE

Dès qu'un journal ou une affiche annoncent une conférence de l'abbé Wetterlé, on est sûr qu'une foule enthousiaste accourra et que la salle où parlera le représentant le plus connu et le plus aimé de l'Alsace, sera remplie bien avant l'heure indiquée.

Paris a été la première ville où l'abbé Wetterlé a pris la parole comme conférencier. Depuis, les autres grandes villes se le sont disputé et l'on est en droit d'affirmer qu'il y a pas d'orateur aussi recherché. C'est que le sujet qu'il traite et qu'il est à même de connaître dans tous ses détails, mieux que personne, est un sujet attrayant et captivant au possible. L'Alsace, ce morceau toujours palpitant de notre chair, qui nous a été arraché par le vautour allemand, l'Alsace avec ses croyances, ses traditions, ses espérances, l'Alsace fière, tenace, fidèle, bravant les menaces et dédaignant les séductions de l'oppresseur, les yeux toujours fixés sur la France et répétant le vieux refrain populaire :

« Quoi que l'on dise ou que l'on fasse
« On changera plutôt le cœur de place
« Que de changer la vieille Alsace ! »

Voilà ce que notre Wellerlé, Herr Waterla, comme l'appellent nos bons compatriotes, nous redit, nous peint, nous retrace. Et nous ne nous lassons pas de l'entendre, nous surtout qui, pendant quarante-quatre ans, avons dit et répété que l'Alsace-Lorraine rentrerait dans le sein de la patrie française avec les ovations et les honneurs qui lui sont dûs. Comment d'ailleurs ne serions-nous pas sur la brèche, toujours prêts à repousser les assauts d'où qu'ils viennent, comment ne lutterions-nous pas par la plume de fer en main comme si c'était une épée, avec la certitude d'être vainqueurs, quand nous avons un tel chef? Et plus le combat est rude, plus nous nous acharnons avec lui contre l'ennemi héréditaire. Nous aimerions mieux « le beau désespoir » dont le vieil Horace parle à ses enfants, que le fameux : « Qu'il mourût ! » Car le désespoir qui a pour correctif l'épithète de « beau » est l'indice certain d'une victoire finale. Mais pourquoi parler de désespoir devant celui qui a toujours espéré?... Est-ce que de toute sa personne n'émane pas un souffle de puissance, de volonté, d'énergie indomptables. Regardez-le avec son front haut, son nez droit, ses yeux clairs et vifs, sa bouche fine et malicieuse, son menton accentué, sa carrure alsacienne si franche et si robuste. Comme le disait mon ami regretté, un grand Lorrain, le général Langlois, c'est un chef !

Du croquis que je viens de crayonner en quelques lignes, veut-on, par un curieux contraste, passer au signalement de la Police allemande qui ne se console pas de l'avoir laissé échapper, et qui aurait tant voulu le faire fusiller avec Helmer, Laugel, Preiss, Blumenthal, Bourson, Spinner, Jean, Zislin, Hansi et le chanoine Collin, ses dévoués compagnons d'armes. Voici comment les policiers du Rhin le dépeignaient : « Front fortement bombé, à arêtes, haut. — Œil couleur sombre, rusé. — Langue : français et allemand. — Couleur de la figure : Pâle et jaunâtre. — Marche affichée. — Pas courts, énergiques, fort mouvement des épaules pendant la marche. — Tient de préférence les mains dans les poches. — *Habit ecclésiastique. Soutane avec rabat noir à bords blancs. Large chapeau, tel qu'il est porté par les prêtres en Alsace* »

L'abbé Wetterlé, qui a la face colorée, n'a pu s'empêcher de rire en lisant à Bordeaux ce signalement bizarre. « Si malgré cela, a-t-il dit, si la police de Bordeaux ne me découvre pas, et si elle refuse de m'extrader, c'est que décidément elle manque autant de flair que de respect pour les autorités allemandes ! »

Le sculpteur Hannaux, notre compatriote, qui vient de faire le buste de l'abbé Wetterlé, ne me cachait point sa satisfaction d'avoir eu un modèle aussi intéressant à étudier. « C'est l'énergie personnifiée, me disait-il. Quelle bouche ironique ! Quels yeux malins et quel front puissant ! »

Les Allemands, qui ont eu à affronter sa verve et sa riposte à Colmar, à Strasbourg et à Berlin, se sont aperçus que cet Alsacien n'avait, pas plus que les autres d'ailleurs, de leur sang épais dans les veines. Pendant plus de vingt ans, il a soutenu les traditions et les intérêts de l'Alsace avec une éloquence spirituelle et entraînante, avec des répliques claires et péremptoires, des *arguments irrésistibles, avec un entrain que rien ne pouvait arrêter, un à-propos et un esprit bien français.*

On lui reprochait un jour au Reichstag de n'avoir rien oublié. « A qui la faute? disait-il. Le présent est commun à tous, mais ce qui nous séparera toujours, c'est justement le passé. Personne ne pourra empêcher que nos souvenirs ne remontent à l'époque française et il est tout naturel que ces souvenirs, qui souvent furent glorieux, ne soient pas conformes aux vôtres. Il faut en prendre votre parti. Notre histoire n'est pas votre histoire. » On se récriait et il souriait, car il sentait que ses paroles avaient porté. On lui rappelait les origines germaniques de l'Alsace et il n'avait pas de peine à démentir cette assertion et à répondre aux pédagogues : « La pensée latine continuera à voler par-dessus le mur chinois qu'on essaie d'établir sur la crête des Vosges, et nous serons toujours prêts à l'acclamer et à lui offrir la plus précieuse hospitalité. Notre intérêt bien compris l'exige. Si notre pays se germanisait, ce serait la fin d'une race dont la vitalité a été jusqu'ici légendaire et qui entend bien ne pas déchoir. »

Cet art de l'à-propos, de la riposte, de la

réplique claire, preste et logique, l'abbé Wetterlé l'a due à son journal le Nouvelliste d'Alsace-Lorraine *où, sous la signature de « Hansel », il a criblé, pendant de longues années, de traits malicieux et barbelés ses adversaires ahuris. Ils étaient un peu lents à le comprendre, en vertu de leur lourdeur et de leur épaisseur natives. « Ces Allemands, disait Rivarol, ils se cotisent pour comprendre un bon mot. » Mais dès qu'il l'avaient compris, quelle colère, quelle rage ! Ils cherchaient à riposter, mais ils n'avaient que l'esprit d'escalier, et le malin abbé était déjà dans la rue que les malheureux se trouvaient encore au troisième étage.*

Avec quelle adresse, quelle vérité, l'abbé Wetterlé n'a-t-il pas croqué les types qu'il a été forcé de considérer pendant son séjour à Colmar, à Strasbourg et à Berlin ! D'r Herr Professor, le Restaurateur de tableaux, D'r Herr Leutnant, le Junker, l'Étudiant, le Sous-officier, le Pangermaniste, le député, le Journaliste, D'r Herr Commerzienrath, D'r Herr Rechnungsrath, les Conseillers de Commerce, de Police et de Calcul, les acquéreurs de titres et de diplômes qui leur permettent de se rengorger et d'accabler les inférieurs de leur immense et colossale majesté; tous les fa-

quins, les faux penseurs, les faux savants et les faux philosophes, tous ces sauvages dégrossis et présomptueux ont passé sous la plume de l'abbé Wetterlé des moments aussi pénibles que sous le crayon de Zislin et de Hansi.

Mais ce qui vaut encore mieux, c'est l'énergie opiniâtre et ardente avec laquelle l'abbé Wetterlé a défendu les intérêts sacrés de l'Alsace au point de vue de ses traditions et de sa foi. Tout ce que les Allemands ont pu inventer pour l'empêcher de continuer son admirable propagande et mettre fin à sa résistance acharnée ne leur a servi de rien. Ils ont cru un jour profiter d'une occasion qu'ils trouvaient admirable. Le Nouvelliste avait publié en 1909 la caricature d'un professeur grotesque du lycée de Colmar, le sieur Gneisse, qui avait protesté contre l'enseignement du français en Alsace-Lorraine. Hansi avait fait le croquis de ce fantoche et mis comme légende ces mots si justes : « Le français ne doit pas être enseigné, parce que les professeurs ne le savent pas eux-mêmes. » Cette publication satirique valut personnellement à l'abbé Wetterlé deux mois de prison qu'il fit gaiement et qu'il appela: « Deux mois de villégiature forcée... dans une société d'élite!» Il put pendant *ce temps de repos, écrire pour son plaisir, étudier pour se distraire, prendre des notes utiles et bâiller librement aux corneilles. Ses ennemis croyaient l'intimider et l'abattre; ils n'ont fait que renforcer son énergie, sa bonne humeur, et ils s'en sont vite aperçus quand il revint triomphalement au Landesausschuss et au Reichstag.*

Mais ce n'est pas seulement comme député et comme journaliste que l'abbé Wetterlé s'est acquis une légitime popularité, c'est aussi comme conférencier. Là encore, il a excité et redoublé la haine des Allemands. Ses conférences à Paris sur la Nouvelle Constitution de l'Alsace-Lorraine et sur Mgr Dupont des Loges, quoique empreintes de la plus parfaite modération et d'un tact souverain, soulevèrent des orages en Allemagne, et firent craindre un moment des mesures menaçantes contre sa liberté. Il s'en inquiéta peu et continua à parler librement... jusqu'au jour où les événements devinrent d'une gravité exceptionnelle, déchaînèrent la guerre depuis longtemps prévue et l'obligèrent, au dernier moment à sortir de Colmar. Quelques heures après son départ, on venait l'arrêter. S'il eût été encore en Alsace, nul doute que son arrestation n'eût été suivie d'une condamnation à mort et d'une exécution rapide, car on ne plaisante pas impunément les Allemands qui ont plus peur d'un coup de langue que d'un coup de lance.

L'abbé Wetterlé est donc revenu en France, où il a été reçu à bras ouverts. Je l'ai retrouvé à Bordeaux où, dans la cathédrale de Saint-André, il fit, le 15 septembre 1914, devant un immense auditoire, la plus émouvante et la plus religieuse allocution sur le Soldat-Martyr, après une messe dite par les soins de l'Œuvre de l'Hospitalité diocésaine de Notre-Dame de Lourdes. Il parla naturellement du Dieu des Armées, de la guerre dont la responsabilité écrasante retombait sur nos odieux agresseurs, de la confiance que le présent donnait pour l'avenir, car la France s'était révélée si forte, si vigoureuse, si chrétienne, que tant de vertus devaient compenser largement devant la justice divine les défaillances de la veille. Il montra l'héroïsme des hommes et la sublime résignation des femmes, des épouses et des mères de France. Il exalta le martyre du soldat qui, pour défendre le sol sacré, allait résolument au-devant de la mort et acquérait ainsi une couronne immortelle. « Ah ! quelle belle, quelle riche moisson, s'écria-t-il avec une émotion que partagea tout l'auditoire, s'est accumulée dans les greniers du Maître ! Comme ils sont nombreux, ceux qui, derrière la longue théorie blanche des Vierges, accompagnent maintenant l'Agneau, revêtus de la pourpre étincelante des martyrs ! Et combien la France à laquelle tous ces jeunes héros avaient déjà fait un rempart de leurs corps, va dorénavant compter là-haut de puissants protecteurs ! » Je me souviens du long frisson qui passa parmi nous, et rendant compte le lendemain dans le Journal des Débats de cette matinée si pieuse et si patriotique, je terminai ainsi mon article : « Honneur à de tels apôtres ! C'est à eux, autant qu'à nos soldats, que nous devrons le retour de l'Alsace-Lorraine à la France ! »

C'est à elle que l'abbé Wetterlé a consacré aussi bien ses conférences que ses articles et ses discours, dans le recueil que voici. Tous ceux qui s'intéressent à nos chères provinces, c'est-à-dire tous les Français, et ceux qui aiment la France, y trouveront matière aux plus belles, aux plus justes, aux plus saisissantes considérations. Que l'abbé Wetterlé parle « de la Pensée française en Alsace-Lorraine, — de la Constitution de 1879 et de 1911, — de Mgr. Dupont des Loges, l'immortel évêque de Metz,— des Partis politiques en Alsace-Lorraine, — de la Jeune génération alsacienne, — de la Femme alsacienne et de la Femme lorraine, — de la Situation économique et du Tourisme en Alsace-Lorraine, de l'Alsace-Lorraine de demain, » c'est toujours en homme averti, en citoyen éclairé, en Français convaincu, en prêtre dévoué qu'il parle. Grâce à lui et à ses nobles compagnons d'armes, le martyre si long et si cruel de nos deux chères provinces va enfin cesser, et l'heure ne tardera pas à sonner où nous pourrons saluer l'aurore de leur délivrance. « Il n'y aura plus, comme il l'a si éloquemment dit, d'Alsace-Lorraine, mais trois départements français, dont la population avait fait un mauvais rêve, mais qui seront heureux de retrouver à la table familiale la place d'honneur qu'ils y occupaient avant l'Année terrible. » L'Année vengeresse remettra toutes choses à leur place. Elle châtiera les ambitieux, les orgueilleux et les barbares. Elle récompensera les bons et les vaillants; elle secourra les faibles et les opprimés. Elle enregistrera les solennelles promesses faites ainsi à Thann le 1ᵉʳ *décembre 1914 par le généralissime Joffre :*

« *Notre retour est définitif. Vous êtes Français pour toujours. La France vous apporte, avec les libertés qu'elle a toujours représentées, le respect de vos libertés à vous, des libertés alsaciennes, de vos traditions, de vos convictions, de vos mœurs. Je suis la France, vous êtes l'Alsace. Je vous apporte le baiser de la France...* » *Ce fut une minute poignante,* — *rapporte un officier témoin de l'entrevue,* — *celle où les Alsaciens réunis à la mairie de Thann entendirent ces fières et réconfortantes paroles. Un des notables répondit d'une voix tremblante :* « *Nous avons subi pendant plus de quarante ans toutes les tristesses, toutes les humiliations. On nous a meurtris, blessés, martyrisés au nom d'une civilisation qu'on prétendait supérieure à la nôtre, alors que nous savions bien que c'était le contraire de la vérité. Vous voilà, mon général; nous vous remercions de vos promesses et vous pouvez compter sur nous, entièrement, absolument.* » *Joffre sortit de la mairie très ému. Un accueil encore plus chaleureux l'attendait. Deux cents habitants étaient accourus, vieillards, femmes, enfants, ces derniers esquissant de*

*leurs petits bras le salut militaire et tous criant :
« Vive la France ! Vive l'Alsace française ! »
Et ces braves gens accompagnèrent le généralissime jusqu'aux portes de Thann en répétant leurs vivats enthousiastes.*

Le 14 février 1915, le Président de la République venu en Alsace à Saint-Amarin, confirma aux maires de ce pays et des environs les déclarations du généralissime Joffre : « La France, dit-il, heureuse d'ouvrir les bras à l'Alsace si longtemps et si cruellement séparée d'elle, ne doute pas que la victoire n'assure bientôt la délivrance de provinces qui lui ont été arrachées par la force et, tout en respectant leurs traditions, leurs croyances et leurs libertés, elle leur rend leur place au foyer de la Patrie. »

Avec l'abbé Wetterlé qui reproduit et souligne ces sincères promesses, nous pouvons affirmer que « nous avons la parole de la France, qui, elle, ne déchire pas ses engagements comme des chiffons de papier ! »

Henri WELSCHINGER

AVANT-PROPOS

La question d'Alsace-Lorraine a été brusquement reposée par la guerre franco-allemande. Pendant 44 ans la France avait observé la consigne que lui avait donnée Gambetta : elle pensait toujours aux provinces perdues ; mais elle n'en parlait jamais.

Là-bas, au delà des Vosges, nous pensions aussi toujours à la France et nous en parlions souvent ; mais à voix basse, comme on parle dans la chambre d'un blessé tendrement aimé.

L'heure n'est plus au silence. Nous avons le droit de crier maintenant notre fidélité à l'ancienne patrie et notre espoir de la retrouver prochainement ; mais nous avons aussi le devoir de raconter à nos compatriotes retrouvés ce que fut notre long martyre et de leur expliquer les réserves qu'il nous imposa.

Quelques malentendus subsistent. C'est à les dissiper que je me suis appliqué dans les conférences que j'ai réunies dans ce volume. Si le lecteur en retire la conviction que, malgré certaines apparences trompeuses, l'Alsace-Lorraine resta toujours française d'esprit et de cœur, je me croirai suffisamment récompensé de mes peines.

E. WETTERLÉ.

Paris, le 1er juin 1915.

LA PENSÉE FRANÇAISE EN ALSACE-LORRAINE

Mesdames et Messieurs,

Est-ce simple hasard, est-ce rencontre voulue par le Comité des Conférences, que je soupçonne d'intentions malicieuses ? Le fait est que ma causerie d'aujourd'hui coïncide avec le jour anniversaire de la naissance de Guillaume II. Cette solennité était jadis bruyamment célébrée dans toute l'Allemagne. Nous en savons quelque chose, nous autres Alsaciens-Lorrains, qui, au soir du 27 janvier, entendions les rues de nos paisibles cités retentir des chansons et des hoquets d'innombrables ivrognes ; car l'Allemand d'aujourd'hui, même celui de la meilleure société, imitant en cela les Germains ses ancêtres, ne saurait exprimer sa joie autrement qu'en d'interminables beuveries. Récemment, les habitants de la Champagne ont pu s'en convaincre.

Il y a quelque raison de supposer que cette année la fête de l'empereur sera célébrée en Allemagne avec moins d'éclat. Raison de plus pour nous d'offrir à Guillaume II une légère compensation en relevant, ici à Paris, les incontestables mérites de sa politique agressive.

Avant 1905, la France se laissait bercer à la décevante chanson du pacifisme. Heureusement qu'à Tanger le souverain allemand sonna le réveil du patriotisme endormi. L'appel fut entendu et c'est de cette époque que date l'active préparation à la guerre inévitable, qui nous permet aujourd'hui d'envisager avec pleine confiance le prochain avenir. Le clairon de Casablanca et d'Agadir ne devait plus permettre à la France de reprendre ses douces mais dangereuses songeries. Guillaume II mettait une véritable coquetterie à faire connaître ses intentions belliqueuses. Ne lui devons-nous pas quelque gratitude de l'insistance qu'il a mise à nous en avertir ? L'incurable velléitaire, qu'il fut toujours, avait d'abord par trois fois tiré à moitié son épée du fourreau. Quand il pensa que le moment était enfin venu d'achever son geste, la France, grâce à lui, était prête à la parade.

L'évocation de ces souvenirs m'amène tout naturellement au sujet que je me propose de traiter devant vous. L'Allemand est essentiellement maladroit. Sa mentalité fruste, sa brutalité native, son manque absolu de générosité, comme aussi de finesse, font de lui un idéal repoussoir. On peut le redouter, on ne l'aime jamais.

Les événements auxquels nous assistons en sont la preuve palpable ; car si les Français avaient quelque raison de ne témoigner aucune sympathie à ceux qui avaient mutilé leur pays, les Belges, les Anglais, les Japonais, les Russes, les Italiens et les Roumains n'étaient séparés des Allemands par le souvenir d'aucune irréparable offense. Néanmoins, tous ces peuples se sont dressés avec la même énergie et le même enthousiasme contre la menace germanique.

Nous n'en avons été nullement surpris, en Alsace-Lorraine, nous, qui pendant près d'un demi-siècle avons subi le joug douloureux et dégradant du plus impitoyable des vainqueurs. En effet, si les provinces annexées ont su résister si merveilleusement à l'emprise germanique, si la pensée française y est restée si vivante, c'est bien aux Allemands eux-mêmes que notre patrie d'avant-hier, qui redeviendra notre patrie de demain, en est en grande partie redevable.

On m'a souvent jadis posé la question suivante : « L'Alsace-Lorraine est-elle encore française ? » Invariablement je répondais : « Elle est plus anti-allemande que jamais ! » Les maîtres de notre petit pays avaient, en effet, par leurs procédés brutaux de gouvernement et par leurs manières hautaines, réussi à créer autour d'eux une telle atmosphère d'hostilité, que, plus nous allions et plus aussi le fossé se creusait profond et infranchissable entre eux et nous. Tout naturellement la France bénéficiait de ce malentendu grandissant.

Et pourtant, durant les dernières semaines, un doute angoissant a surgi dans l'esprit de quelques Français. En effet, des soldats qui avaient pris part aux engagements du mois d'août et pénétré en Alsace-Lorraine, en étaient revenus très déçus. Ils rapportaient, et leurs récits concordants devaient être exacts, que la population civile des provinces annexées les avait outrageusement trahis. L'explication de ce fait, en apparence seulement étrange, est facile à donner.

Il y a en Alsace-Lorraine deux populations qui, depuis quarante-quatre ans, vivent côte à côte, sans se comprendre et sans se compénétrer. Sur les 1.800.000 habitants du pays, 300.000 sont d'origne allemande. Ces immigrés qui occupent toutes les avenues du pouvoir, ne se distinguent pas à première vue de l'indigène. Ils se disent Alsaciens-Lorrains comme les habitants autochtones et pourtant ils ne ne le sont à aucun titre.

Il n'en est pas moins vrai que pour celui qui ne connaît pas suffisamment nos provinces, la difficulté était grande d'établir les nécessaires discriminations. Les troupes françaises se trouvaient en présence d'indigènes terrorisés par la crainte de retours offensifs de l'armée allemande et de fonctionnaires germanisants qui avaient su, pour les besoins de la cause, dissimuler momentanément leurs sentiments intimes, mais qui devaient également profiter de toutes les occasions favorables pour rendre service à l'état-major allemand.

Ce sont ces derniers qui ont fourni à leurs compatriotes d'utiles renseignements et qui même se sont rendus coupables de lâches assassinats.

D'un côté, il y avait donc de pauvres gens auxquels il était impossible de manifester leur joie, parce qu'ils redoutaient d'impitoyables représailles ; de l'autre, quelques personnages louches, sournoisement hostiles, qui se livraient dans l'ombre à leur œuvre d'espionnage et de trahison. Pour n'avoir pas su et pas pu les distinguer les uns des autres, les soldats français ont éprouvé, de leurs incursions en Alsace-Lorraine, une déconvenue profonde mais injustifiée.

La vérité ne tardera pas à se faire jour. Les annexés ont, cela est certain, gardé précieusement le dépôt de la pensée française, et dès qu'ils pourront le faire librement, ils exprimeront en termes joyeux et enthousiastes leur satisfaction d'être enfin affranchis d'un joug odieux.

Comment pourrait-il en être autrement ? Depuis quarante-quatre ans, notre pauvre pays est soumis au régime le plus tyrannique. Les 300.000 Allemands qui s'y sont établis ont gardé leurs mœurs, leurs coutumes, leur langage, leurs préjugés nationaux. Ils s'imaginent avoir à remplir vis-à-vis d'une race « inférieure » une mission « civilisatrice »; car ces faméliques et ces barbares, qui se sont abattus sur nos provinces comme une nuée de sauterelles, ont depuis longtemps oublié leurs origines plus que modestes et partout et toujours ils étalent largement leur morgue insolente de parvenus.

L'Allemand n'essaye même pas de gagner les sympathies par une bienveillance dont il est incapable. Elevé dans le culte de la force, il exige des vaincus des agenouillements, comme il s'aplatit lui-même devant ceux qui sont plus puissants que lui. Il nous l'a bien fait voir.

A peine installé en Alsace-Lorraine, il proscrit la langue française des écoles, des enseignes de magasins, voire même des inscriptions funéraires. Il veut germaniser extérieurement le pays. Cela lui suffit, car, déplorable psychologue, il n'attache aucune importance aux conquêtes morales.

Comme cependant il redoute la révolte des consciences, il prend vis-à-vis des annexés les mesures les plus rigoureuses. Le gouverneur, ou statthalter, est armé de pouvoirs extraordinaires. D'un trait de plume, il peut dissoudre les associations, supprimer les journaux, expulser les nationaux alsaciens-lorrains, prescrire des perquisitions de jour et de nuit, requérir l'intervention de la force armée. Et cette dictature s'exerce effectivement. La vente de l'*Union*, de l'*Odilienblatt*, de l'*Echo de Schilligheim*, du *Mulhouser Volksblatt* et de la *Colmarer Zeitung* est brusquement interdite ; des sociétés de chant, de musique, de gymnastique, des cercles d'hommes et de jeunes gens sont dissous sans jugement, sans même aucune explication. On proscrit MM. Antoine et Lalance, pour ne citer que les expulsés les plus connus. Lors du procès de la Ligue des Patriotes, les perquisitions se multiplient à tort et à travers. L'affaire de Saverne devait enfin montrer, il y a deux ans, comment les officiers allemands s'y prenaient en Alsace-Lorraine pour découvrir d'imaginaires complots et pour procéder ensuite à la plus barbare répression.

Cela ne pouvait d'ailleurs pas encore suffire à nos maîtres. Il fallut qu'entre la France et ses anciennes provinces s'élevât une muraille de Chine. Les correspondances furent donc surveillées, les excursionnistes qui passaient la frontière, surtout vers le 14 juillet, furent l'objet de mille tracasseries policières et administratives, les émigrés alsaciens-lorrains ne purent plus rentrer dans leur pays d'origine que munis de permis de séjour qui s'obtenaient difficilement et dont la durée était parcimonieusement mesurée, les officiers français, quand d'aventure ils arrivaient à pénétrer dans les provinces annexées, durent subir les formalités les plus rigoureuses et les plus humiliantes, tandis que les officiers allemands circulaient librement à Nancy, à Toul et à Belfort. Enfin, on créa ce régime odieux des passeports qui, pendant un quinzaine d'années, isola complètement l'Alsace-Lorraine du reste du monde.

Faut-il rappeler à ce propos qu'en bien des circonstances les autorités allemandes poussèrent la barbarie jusqu'à refuser à des émigrés alsaciens-lorrains l'autorisation de venir recueillir le dernier soupir de leurs parents demeurés dans leur pays natal ?

Et toutes ces mesures administratives étaient rendues encore plus lourdes par la malveillance des fonctionnaires chargés de leur exécution.

Quand le ministère se montrait simplement sévère, ses organes faisaient preuve de la plus ingénieuse cruauté. L'indigène alsacien-lorrain savait qu'il était l'objet de perpétuelles suspicions, que toutes ses paroles et tous ses gestes étaient constamment surveillés, que tout Allemand, espion par nature, serait trop heureux de pouvoir grossir d'un renseignement vrai ou erronné les dossiers qui s'accumulaient dans les sous-préfectures. La délation avait en effet été érigée chez nous à la hauteur d'un principe de gouvernement.

Les derniers événements ont révélé la merveilleuse organisation de l'espionnage allemand à l'étranger. Quels prodiges d'ingéniosité les virtuoses du mouchardage ne devaient-ils pas réaliser dans un pays dont ils étaient les maîtres incontestés ? Aussi chacun de nous savait-il qu'il était entouré d'une nuée d'informateurs bénévoles, toujours prêts à signaler ses moindres défaillances et à provoquer l'intervention du préfet et du procureur. La sottise d'un sous-ordre me permit un jour de feuilleter longuement mon dossier à la préfecture de Colmar. L'impression que j'en retirai fut accablante. Jamais je n'aurais pu supposer qu'un seul homme pût s'être rendu coupable de tant d'attentats contre la sécurité publique.

Ajoutons que la persécution officielle s'accompagnait encore d'atteintes voulues et systématiquement organisées à la richesse du pays. Le peuple qu'ils avaient asservi, les Allemands voulaient encore le ruiner. C'est ainsi que, malgré nos protestations indignées, toutes les commandes des administrations civiles et militaires allaient à des fournisseurs d'outre-Rhin ; toutes les grandes entreprises industrielles, mines de fer, de charbon, de potasse, passaient aux mains de syndicats germaniques. L'affaire de Grafenstaden, et l'enquête ouverte l'an dernier par les chambres de commerce sur la participation des capitaux étrangers aux affaires alsaciennes-lorraines, prouvèrent que les Allemands avaient même l'intention arrêtée de s'emparer des maisons existant avant la guerre de 1870. De plus, les Alsaciens-Lorrains étaient de fait exclus des fonctions publiques ; dans des écoles moyennes et supérieures, on cherchait à décourager leurs enfants de l'étude ; dans les procès civils et criminels entre indigènes et immigrés, les juges faisaient étalage d'une partialité révoltante. Pour l'habitant autochtone de l'Alsace-Lorraine, il n'y avait plus ni justice, ni droit, ni liberté. Avec toutes les formes hypocrites de la légalité, on en faisait un paria dans son propre pays.

Les Allemands n'étaient d'ailleurs nullement satisfaits des résultats déjà obtenus par ce régime tyrannique. La plupart d'entre eux ne cachaient pas qu'à leur avis les pouvoirs publics se montraient encore trop indulgents vis-à-vis d'un peuple de révoltés. De là les perpétuelles dénonciations de la presse pangermaniste et ses furieux appels à une répression encore plus impitoyable.

Quand, pour donner une légère satisfaction à l'opinion publique, le gouvernement de Strasbourg proposa d'élargir les libertés constitutionnelles de l'Alsace-Lorraine, les fonctionnaires et surtout les officiers protestèrent avec la plus violente indignation contre ces « inconcevables faiblesses ». Cependant, les constitutions de 1879 et de 1911 ne faisaient que sanctionner l'infériorité notoire où notre pays se trouvait vis-à-vis des Etats confédérés. Les provinces annexées restaient en effet, propriété collective de l'empire ; le pouvoir y était exercé par un gouverneur nommé et révoqué par l'empereur et ce dernier donnait ou refusait à sa guise sa sanction aux lois locales. Le caractère de cette Constitution était de plus essentiellement précaire, puisque le Reichstag et le Bundesrath pouvaient la modifier quand bon leur semblait. L'autonomie restait donc un mythe.

Et puis l'antithèse demeurait, elle s'accroissait même tous les jours entre nos deux populations, entre les fonctionnaires, les officiers, et les autres immigrés, qui formaient des castes fermées, hautaines et méprisantes, et une population aux idées et aux mœurs démocratiques, qui s'isolait volontairement de ces maîtres soupçonneux et essayait de sauvegarder quand même le dépôt de ses traditions nationales. Il faut avoir vécu longtemps en Alsace-Lorraine pour savoir à quel point les immigrés et les indigènes étaient distants les uns des autres et combien leurs mentalités restaient opposées.

Quand nous le faisions jadis remarquer aux visiteurs de notre pays, ceux-ci marquaient parfois la plus vive surprise ; étant donné surtout que le dialecte germanique que parlent les Alsaciens-Lorrains eût dû faciliter les rapprochements. Depuis que les abominations commises par les troupes du kaiser ont dévoilé le fond barbare de la nature allemande, on comprend mieux qu'entre ces sauvages adorateurs de la force brutale et les annexés, respectueux du droit et de la dignité humaine, aucune entente durable ne pouvait s'établir. Ne l'oubliez pas, mesdames et messieurs, c'est en la société des pillards et des massacreurs du Nord et sous leur domination que nous avons été obligés de vivre pendant près d'un demi-siècle.

Quand en 1888, le statthalter prince de Hohenlohe Schillingsfurst, au lendemain des élections antiseptennaires, reçut du prince de Bismarck l'ordre de redoubler de rigueur vis-à-vis des Alsaciens-Lorrains, il écrivit dans ses carnets de notes la phrase suivante : « Il semble qu'à Berlin on veuille pousser les annexés au désespoir et à la révolte ouverte, afin de supprimer le pouvoir civil et de rétablir la dictature militaire. » Précieux aveu, qui nous permet de bien saisir sur le fait la tactique déloyale dont la Prusse a toujours fait un usage si abusif : accumuler les injustices et les provocations, afin que se produise la révolte qui servira de prétexte à de nouvelles atrocités.

Raconter par le menu le martyre de notre peuple me mènerait trop loin. Ce que j'en ai dit doit suffire pour démontrer le manque de générosité de nos oppresseurs et expliquer la résistance opiniâtre que leur opposèrent les Alsaciens-Lorrains.

Que devant ces persécutions prolongées quelques indigènes aient capitulé, je ne le nierai pas. L'Allemagne était très fière de quelques ralliés qui, pour un plat de lentilles, lui avaient vendu leurs consciences. Encore ces défections furent-elles relativement rares et quand elles ne s'accompagnaient pas d'actes vils et dégradants, nous les enregistrions avec plus de dédain que de colère. Et puis nous savions que dans quelques familles avaient surgi les conflits d'intérêts les plus poignants et que pour leur donner la solution héroïque que nous eussions souhaitée, il eût fallu savoir braver la ruine et l'exil.

Le joug qui pesait sur notre peuple était en effet parfois tellement écrasant que nous en venions nous-mêmes, mes amis et moi, à nous demander si, pour l'adoucir, il ne serait pas de notre devoir de prêcher la résignation et l'abandon. Avions-nous le droit d'encourager la résistance, quand les sacrifices qu'elle entraînait étaient si durs et que les compensations légitimes paraissaient si incertaines et si éloignées ? Problème angoissant, auquel quelques-uns d'entre les nôtres donnèrent, durant les dernières années, une solution hâtive et contestable. Je vous avouerai que je n'ai pas le courage, à cette heure, d'accabler les malheureux qui ont ainsi fléchi. Je ne doute pas qu'ils sont aujourd'hui les premiers à regretter leurs faiblesses passagères, et que si leur joie de revenir à la France est teinte de la honte d'avoir désespéré de ses immortelles destinées, elle n'en sera ni moins sincère, ni moins profonde.

Me permettra-t-on d'ajouter que le mérite de l'immense majorité de mes compatriotes, de cette majorité qui sut jusqu'au bout résister victorieusement à l'emprise allemande, fut d'autant plus grand qu'ils ne trouvèrent pas toujours au delà des Vosges les encouragements auxquels ils croyaient avoir droit.

Dieu me garde d'instruire le procès des pacifistes sincères, dont les intentions furent aussi généreuses que décevantes, et qui d'ailleurs, je me plais à le constater, ont reconnu leur erreur depuis qu'ils se sont aperçus du rôle de dupes que l'astucieuse Allemagne voulait leur faire jouer ; mais je me crois quand même autorisé à rappeler l'action démoralisante que souvent leurs théories exercèrent sur mes compatriotes.

Un homme politique français considérable ne me disait-il pas, il y a quelque dix ans : « Quel service vous nous rendriez, vous autres Alsaciens-Lorrains, si vous consentiez à vous déclarer publiquement satisfaits de votre sort! »

Au cours des derniers mois, de nombreux émissaires furent envoyés dans nos provinces pour y prêcher le définitif renoncement. Ils essayaient de nous persuader de l'inutilité de notre résistance, ils nous montraient l'Allemagne, invincible et la France chaque jour moins belliqueuse. A les en croire, l'Alsace-Lorraine ne devait plus être un objet de litige entre deux grands peuples faits pour se comprendre ; mais au contraire leur servir de trait d'union. Comptant sur l'incontestable lassitude qui se manifestait dans certains milieux, ils voulaient nous arracher les paroles décisives qui leur eussent permis dans les congrès pacifistes de Berne et de Bâle de préparer le désarmement, hélas ! unilatéral, dont leur candide optimisme semblait vouloir se contenter.

Je me hâte d'ajouter que ces tristes tentatives ne donnèrent que des résultats très médiocres. Elles nous obligèrent seulement à répéter ce que nous avions déjà dit bien souvent en des circonstances moins pénibles, c'est-à-dire que si l'Alsace-Lorraine était martyrisée pour sa fidélité à un passé glorieux, elle ne souhaitait nullement qu'à cause d'elle les horreurs d'une grande guerre fussent déchaînées sur l'Europe. Elle affirmait sa volonté de rester elle-même ; mais plutôt que de provoquer d'abominables hécatombes, elle se serait résignée à souffrir encore davantage. Elle aimait trop sincèrement la France pour désirer l'exposer aux ruines et aux deuils d'un conflit dont l'issue lui paraissait douteuse. Patiemment, elle attendait donc la revanche du droit violé ; mais elle ne prétendait nullement devancer l'heure de la justice.

Et ces déclarations étaient sincères. Nous

sommes heureux de pouvoir constater que, si par contre-coup la guerre actuelle doit entraîner pour nous l'affranchissement, si ardemment désiré, nous n'avons rien fait pour la rendre inévitable et même pour lui servir de prétexte. Notre joie de retrouver notre ancienne patrie sera d'autant plus grande qu'il ne s'y mêlera pas le remords de porter une part, même légère, de responsabilité dans les crimes qui auront accompagné l'œuvre de notre délivrance.

Qu'on me permette cependant de signaler un phénomène curieux et qui a frappé tous les observateurs attentifs : la courbe de l'opinion publique en Alsace-Lorraine a constamment suivi, avec une précision mathématique, celle de l'opinion française. Toutes les fois que, par delà les Vosges, le pacifisme semblait prendre le dessus, un fléchissement se produisait chez nous dans l'opposition nationale. Dès qu'au contraire la voix du clairon se faisait entendre le long de la frontière, un long frémissement agitait notre population qui redoublait d'endurance.

Les masses populaires furent admirables, dans les provinces annexées, pendant le demi-siècle qui vient de s'écouler. Il n'est que juste de leur rendre aujourd'hui ce glorieux témoignage.

L'héroïsme mérite toujours nos hommages ; mais quand cet héroïsme n'est plus le résultat d'un entraînement passager, quand, humble et ignoré, il se prolonge pendant une si longue période, n'espérant aucune compensation et n'attendant aucune reconnaissance, il devient doublement méritoire. Or, c'est de cet héroïsme soutenu que notre peuple a donné l'exemple durant son interminable épreuve.

Je dis bien le peuple, la masse anonyme, l'ensemble des petites gens, ouvriers, agriculteurs, artisans. Dans la clase bourgeoise, l'idée française s'est également maintenue par le culte de la langue et des traditions. Cependant dans ce milieu restreint les défections furent, surtout dans les derniers temps, assez nombreuses, défections qui d'ailleurs atteignirent rarement les profondeurs de la conscience, et qui, même lorsqu'elles étaient dictées par l'esprit de partis, n'arrivaient pas à faire taire tous les regrets et toutes les espérances.

Or, le bon sens populaire fut toujours assez

puissant pour ramener dans le droit chemin ceux qui tentaient de s'en écarter. Quand revenaient périodiquement les élections législatives, les candidats de tous les partis rivalisaient de déclarations antigouvernementales où perçait la préoccupation constante des légitimes réparations, et les ralliés eux-mêmes montraient un zèle tout particulier à parler en termes affectueux de la France, tant ils savaient qu'en agissant autrement ils seraient allés au-devant d'un échec certain.

Cela est tellement vrai qu'en 1903, quand le gouvernement essaya de faire passer en Lorraine les candidats de son choix, les journaux à sa dévotion ne trouvèrent rien de mieux que d'accuser les indigènes, se présentant sous l'étiquette du centre, d'appartenir à un parti « allemand ».

Ce fut d'ailleurs la grande habileté des immigrés d'introduire en Alsace-Lorraine les rivalités de partis. Durant les premières années qui suivirent la guerre de 1870-71, les électeurs ne demandaient à leurs mandataires que de protester contre l'annexion, tant au parlement d'empire que dans les autres corps élus. A cette époque, un israélite offrait la candidature au siège de Metz à Mgr Dupont des Loges, les industriels protestants de Mulhouse faisaient partie du comité électoral du chanoine Winterer et les catholiques donnaient toutes leurs voix à MM. Lalance et Kablé.

Les socialistes furent les premiers à briser cette union nécessaire, et en 1891 d'autres groupements politiques furent constitués. Depuis 1903, les partis s'étaient solidement organisés ; centre, démocrates, libéraux, socialistes, se bornant d'ailleurs à ajouter aux programmes des groupes allemands similaires les revendications spécifiquement alsaciennes-lorraines.

Or, dans toutes ces organisations, des Allemands avaient réussi à se faufiler et ils s'appliquaient à y introduire leurs préjugés nationaux. Nous eûmes quelque peine, mes amis et moi, à préserver le centre alsacien-lorrain de cette contagion. Que de fois, pour se venger de nos résistances, quelques immigrés, qui faisaient partie de nos associations électorales, ne demandèrent-ils pas notre exclusion, sans toutefois y réussir.

De dépit, lors des dernières élections, les

fonctionnaires se coalisèrent ouvertement avec les socialistes pour nous enlever nos mandats et ce ne fut pas un des spectacles les moins étranges de ces luttes épiques, que celui de ces soutiens du trône qui faisaient une active propagande pour les partisans de la révolution sociale en haine des nationalistes.

Tous les partis avaient inscrit en tête de leurs programmes l'autonomie de l'Alsace-Lorraine dans le cadre de la Constitution de l'empire. Cette revendication dérouta d'abord nos amis de France comme elle fit la joie des pacifistes internationaux. Les annexés s'accommodaient donc de la situation que leur avait faite le traité de Francfort et ils désiraient simplement, pour se déclarer entièrement satisfaits, qu'on leur accordât les mêmes droits politiques qu'aux habitants des Etats confédérés. Voilà comment raisonnaient ceux qui ne se rendaient pas compte des difficultés devant lesquelles nous plaçait notre situation ambiguë..

Et pourtant un peu de réflexion eût suffi pour comprendre le caractère purement conditionnel de cet article de notre programme. Nous étions comme l'héritier qui escompte la fortune d'un parent riche, mais qui en attendant est bien obligé de régler son existence suivant les ressources dont il dispose. L'autonomie que nous demandions était un pis aller, une pierre d'attente, le moyen de rendre notre sort momentanéemnt supportable. Nous ne renoncions pas pour cela aux réparations du droit, peut-être lointaines, toujours possibles, en tout cas, vivement souhaitées.

Et puis, il ne faut pas l'oublier, nous appartenions, sans doute contre notre gré, mais quand même effectivement, à un grand organisme économique, dont nous partagions les destinées, et, à moins d'aller au suicide, nous ne pouvions pas nous désintéresser entièrement des grandes questions qui étaient agitées dans les parlements et dont le contrecoup devait fatalement nous atteindre dans nos intérêts matériels et moraux. Nous prenions donc part aux délibérations parlementaires tout en réservant de la façon la plus formelle notre droit absolu de juger le fait historique de l'annexion et de souhaiter le retour par des moyens non sanglants, à notre ancienne patrie. Cette politique prudente et avisée, que les circonstances nous imposaient, ne trouva pas toujours l'agrément de tous les Français. Déroulède, le grand patriote auquel je me plais aujourd'hui à rendre un public hommage, l'approuva sans réserve.

Pour le Français qui venait faire en Alsace-Lorraine une rapide enquête sur l'état des esprits, le problème se présentait d'une façon beaucoup plus simple : « Etes-vous encore Français de cœur ? » demandait-il au mastroquet et à l'épicière du coin. Les réponses circonspectes qu'il enregistrait le déroutaient d'abord. Pour comprendre l'âme alsacienne-lorraine, telle que l'avaient faite de longues et cruelles persécutions, il fallait être de la maison. Notre terminologie était compliquée, un certain entraînement était indispensable pour en pénétrer le mystère. Ce n'était pas un des moindres agréments des campagnes électorales dans notre pays que de pouvoir exprimer nos espérances en des termes assez clairs pour déchaîner des tempêtes d'applaudissements parmi les auditeurs indigènes, mais aussi assez obscurs pour que le procureur le plus soupçonneux ne pût rien y trouver à redire.

Chose curieuse, et qu'on ne saurait jamais

assez relever, durant les dernières années, la jeunesse nous était entièrement revenue. Dans la génération intermédiaire quelques découragements s'étaient accusés. Les derniers venus avaient par contre retrouvé toute la confiance et tous les enthousiasmes de leurs pères et leur ardeur à la lutte avait même réchauffé celle des vieux lutteurs.

Il n'y a rien là qui ne puisse s'expliquer. Les annexés de la première heure avaient été des ennemis pour les Allemands et ils étaient portés à excuser ceux qui continuaient à les traiter en ennemis. Mais les jeunes Alsaciens-Lorrains n'avaient jamais été Français, ils avaient passé par l'école et par la caserne allemandes. Dès lors pourquoi leurs professeurs les malmenaient-ils ? Pourquoi suspectaient-ils leurs intentions ? Pourquoi s'appliquaient-ils à les détourner des carrières libérales et administratives ?

Ces jeunes gens, bien plus que leurs pères, avaient donc l'impression d'appartenir à une race injustement persécutée et c'est avec toute la fougue de leur âge qu'ils combattaient les maîtres tyranniques et insolents qui voulaient les asservir.

On le vit bien aux cérémonies de Noisseville et de Wissembourg, quand, la Lorraine d'abord, l'Alsace ensuite, élevèrent de splendides monuments aux soldats morts pour la Patrie. Jamais on n'avait vu chez nous pareil concours de peuple, jamais un recueillement aussi solennel, jamais une affirmation plus émouvante du culte du souvenir. Quand, à Wissembourg, tomba le voile qui recouvrait l'imposante statue de *la Gloire* et que la fanfare sonna *la Marseillaise*, une émotion intense s'empara de tous les assistants. Les jeunes gens, après un moment de surprise, entonnèrent bravement l'hymne national français, tandis que des yeux brouillés de mes voisins, de vieux parlementaires, tombaient de grosses larmes. Ah ! ce refrain chanté avec tant de confiance par la jeunesse, ces larmes silencieuses qui sillonnaient les joues des anciens, n'était-ce pas là toute l'Alsace-Lorraine avec ses impérissables regrets, mais aussi avec ses généreux espoirs ?

Les Allemands furent épouvantés de cette révélation subite et inattendue des sentiments intimes du pays. C'est à partir de ce jour qu'ils reprirent la politique de basses tracasseries et de mesquines persécutions dont ils avaient déjà antérieurement tant abusé. Faut-il rappeler la suppression et le procès de la *Lorraine sportive*, la dissolution du *Souvenir Alsacien-lorrain*, l'affaire grotesque et criminelle de Saverne ? Nous ne sortions plus de ce qu'on appela « la période des incidents ». A la tête du ministère d'Alsace-Lorraine, se trouvait un de ces diplomates que personne n'envie à l'Allemagne, M. le comte de Wedel. Il était secondé par un Alsacien renégat, M. Zorn de Bulach, qui s'appliquait, en accablant ses compatriotes, à se faire pardonner ses origines, et par un légiste tâtillon et hargneux, M. Mandel qui, à son épais tempérament de Bavarois brutal, ajoutait toutes les inventions d'un policier professionnel.

Heureusement qu'on s'habitue à tout, au terrorisme comme aux maladies chroniques. Les Alsaciens-Lorrains avaient retrouvé leur bonne humeur et bientôt ils devaient d'ailleurs trouver en Hansi et Zislin des défenseurs aussi spirituels qu'infatigables. La presse indépendante, dont, depuis l'abolition de la dictature, la vie était assurée, et dont les rédacteurs ne reculaient pas devant l'amende et la prison, criblait journellement les Allemands de ses traits les plus acérés et organisait puissamment la résistance. Dans les parlements, des voix autorisées traduisaient éloquemment les récriminations des annexés. Dans des procès retentissants la défense faisait abondamment usage de son droit de tout dire. Je ne citerai aucun nom, car si quelques-uns de ceux qui concoururent au réveil du sentiment national en Alsace-Lorraine ont pu se mettre à l'abri des vengeances du germanisme affolé, il en est d'autres, et non des moins méritants, que les événements ont surpris et que d'imprudentes paroles pourraient exposer à d'injustes représailles. Nous avons en effet affaire à un ennemi sans générosité, qui ne connaît plus aujourd'hui que la rage des pires déconvenues, comme il étalera demain, devant le monde ahuri de tant de bassesse, les hontes de la peur et de l'abattement sans dignité.

Cet abattement, l'Alsace-Lorraine, prise dans son ensemble, ne l'a jamais connu, et ce sera son immortel titre de gloire. Elle ne l'a pas connu, au moment où, privée de toute direction par suite de l'émigration en masse des classes dirigeantes, elle était abandonnée, masse amorphe, à tous les caprices d'un vainqueur barbare ; elle ne l'a pas connu en 1888 quand lâchement ses maîtres se vengèrent par les pires mesures de rigueur de la franche et courageuse affirmation de ses sympathies pour la France ; elle ne l'a pas connu davantage quand, après une courte période de calme relatif, les Allemands ont repris, au lendemain de la cérémonie commémorative de Wissembourg, leur politique de répression à outrance.

Bien mieux, et cela me ramène aux constatations que je faisais au début de cet entretien, plus l'Allemagne se montrait impitoyable, plus les regards des annexés se dirigeaient avec persistance vers la ligne bleue des Vosges d'où ils attendaient le salut. Les pangermanistes furent toujours chez nous les meilleurs pionniers de la pensée française. Le symbole politique qu'ils représentaient nous semblait tellement archaïque, les méthodes qu'ils employaient pour le réaliser étaient à ce point odieuses, que tout naturellement notre pensée se reportait vers la patrie perdue.

Les Allemands s'en indignaient et s'en alarmaient. L'un d'eux, le président de la police de Berlin, M. de Jagow, constatait, quelques mois avant la guerre, qu'en Alsace-Lorraine ses compatriotes campaient encore en pays ennemi. Et il semble bien que cette vérité se fût fortement ancrée dans l'esprit du gouvernement, puisque, la veille de la mobilisation environ mille de nos compatriotes les plus influents furent arrêtés et relégués, comme otages, dans des camps de concentration. On ne procède pas de cette façon dans un pays ami.

Néanmoins, et ceci encore mérite d'être souligné, notre opposition fut toujours strictement légale. Nous n'avons jamais recouru, pour défendre nos libertés, à la violence ou à l'émeute. Sans doute, les immigrés n'étaient pas reçus dans les familles indigènes et les mariages entre Allemands et Alsaciens-Lorrains étaient extrêmement rares ; sans doute dans tous les milieux où cela était possible nous nous appliquions à ne pas désapprendre le français ; sans doute nous cherchions à maintenir dans le peuple le souvenir du passé ; sans doute les femmes indigènes s'habillaient, non pas à Berlin, mais à Paris. Nous acceptions toutefois avec résignation toutes les conséquences politiques de l'annexion.

Le Prussien orgueilleux et dominateur ne pouvait se contenter de cette soumission passive. Comme en Pologne, comme dans les provinces danoises, il voulait nous obliger par la force à renoncer aux caractères individuels de notre race. Et par là il n'arrivait qu'à augmenter notre répulsion pour ses procédés de gouvernement et notre désir de nous en affranchir.

Et ce désir, ou latent, ou franchement et ouvertement exprimé, a dominé toute la période de transition à laquelle la présente guerre va mettre enfin un terme.

Qu'importe que quelques ralliés aient, au cours des derniers événements, donné une bruyante adhésion au régime que, hier encore, ils méprisaient ? Qu'importe que les généraux prussiens, pour compromettre les hommes qu'ils placent toujours dans la première ligne de feu, aient prodigué les croix de fer aux soldats alsaciens-lorrains ? Le peuple des provinces annexées, quoique bon nombre de ses enfants aient été enrégimentés de force dans les armées germaniques, attend avec une légitime impatience l'arrivée de ses libérateurs, et, quand il le pourra librement, il exprimera, je le répète, toute son ivresse d'être affranchi de la pire, de la plus honteuse des tyrannies. Jusqu'au bout il gardera une attitude correcte vis-à-vis de ses maîtres pour ne pas justifier de nouveaux actes de cruauté, mais ses vœux ardents n'en accompagneront pas moins les soldats de France.

Avant de terminer, je profiterai de l'occasion qui m'en est fournie, pour traduire devant vous, mesdames et messieurs, toute la douloureuse surprise de quelques-uns de mes compatriotes, qui n'ont pas trouvé dans le pays qu'ils avaient aimé jusqu'à tout lui sacrifier, l'accueil sympathique auquel ils croyaient pouvoir prétendre. Mieux que personne ils comprennent la nécessité de se garder contre les entreprises d'un espionnage qui prend tous les masques. Mais n'est-ce pas pour eux la suprême injure que de se voir confondus, à cause de leur mauvais accent, avec ceux qu'ils avaient toujours combattus ?

Soyez bons pour ces malheureuses victimes du germanisme. Assurez-vous de leurs origines et de leurs sentiments, c'est votre droit et votre devoir, puisque des Allemands authentiques pourraient abuser de votre générosité en se disant Alsaciens-Lorrains ; mais quand vous vous trouverez en face de vrais fils de l'Alsace et de la Lorraine, ne vous laissez pas décourager par la dureté de leur langage. S'ils ne parlent pas mieux français, c'est parce que les Allemands les ont empêchés de l'apprendre. Sous ces scories se cache l'or de l'amour le plus pur et du dévouement le plus éprouvé. N'oubliez pas que ces pauvres gens ont subi un martyre de quarante-quatre ans uniquement parce qu'ils ne voulaient pas oublier la France et qu'ils sont en droit d'attendre de leur patrie retrouvée de larges compensations pour leurs longues et douloureuses épreuves.

L'Alsace-Lorraine sort meurtrie d'une lutte où elle fit preuve d'une merveilleuse endurance. Elle attend qu'on panse intelligemment et avec une inlassable charité ses profondes blessures. Elle se donnera sans réserve, mais il serait impolitique et cruel de ne pas lui faciliter le premier contact avec la France en respectant les mœurs et les traditions qu'elle a su si vaillamment maintenir sous la dure domination de l'Allemagne.

Qu'on ne fasse pas de notre malheureux pays l'enjeu de rivalités politiques qu'il veut encore ignorer. Il y a vraiment autre chose à entreprendre, là-bas, entre le Rhin et les Vosges, que de satisfaire de mesquines ambitions. Un peuple de 1.500.000 âmes a souffert matériellement et moralement pendant près d'un demi-siècle parce qu'il aimait la France. Que la France lui permette de respirer à pleins poumons l'air de la liberté. Elle n'aura pas à le regretter, car les compatriotes de Kléber, de Rapp et de Lefebvre seront alors heureux et fiers de reprendre et pour toujours la garde que jadis déjà ils montaient sur les rives du Rhin français.

UN ÉVÊQUE LORRAIN
MONSEIGNEUR DUPONT DES LOGES(1)

Mesdames et Messieurs,

Si jamais homme fut mal préparé au rôle politique que les événements devaient l'appeler à jouer, ce fut bien Paul-Georges-Marie Dupont des Loges.

Homme d'ancien régime, breton têtu dans sa foi monarchique comme dans sa foi religieuse, ne transigeant en aucune circonstance avec une conscience dont les arrêts étaient sans appel, plaçant bien au-dessus de toutes

---

(1) Nous avons cru devoir reproduire dans ce volume la conférence que M. Wetterlé donna en janvier 1913 à Paris et qui lui valut, avec celle qu'il prononça au Havre sur le *Sentiment Populaire en Alsace-Lorraine*, les pires persécutions du gouvernement allemand. Au moment où éclata la guerre la cour de Leipzig était saisie d'une plainte en haute trahison contre l'auteur de ces deux conférences.
(*Note de l'éditeur*).

les contingences un rigorisme qui d'abord s'exerçait sur ses propres actes, ayant puisé dans une famille de robe le respect inflexible des anciennes formules, il devait, représentant d'un autre âge, traverser les époques les plus troublées de l'histoire de France, exercer son ministère sous les gouvernements les plus divers et assister aux pires bouleversements sans que, dans les circonstances les plus graves, il déviât jamais du programme rigoureux qu'il s'était tracé dès ses premiers pas dans la vie.

Et pourtant le prélat, qui avait rêvé de s'enfermer dans une tour d'ivoire et de ne travailler que pour l'Eglise, fut sans qu'il le voulût, amené à descendre dans l'arène de la vie publique. D'instinct, *parce qu'il avait l'âme haute*, il y évolua sans aucun embarras, trouvant le mot juste, esquissant le geste approprié, sachant s'assurer le respect et l'admiration de tous, de ses amis comme de ses adversaires, s'oubliant d'ailleurs toujours soi-même pour ne penser qu'à la patrie et tout surpris quand il supposait n'avoir fait que son devoir de recueillir tant d'éloges et de s'entendre citer comme un modèle.

Vous n'attendez pas, Mesdames et Messieurs,

que je vous retrace par le menu la carrière ecclésiastique si bien remplie de Mgr Dupont des Loges. Quelques dates et quelques faits suffiront pour bien camper, dans le milieu où s'épuisa son inlassable activité, cette grande figure d'évêque.

Le but de ces conférences est avant tout d'étudier l'histoire politique de l'Alsace-Lorraine. N'est-il pas surprenant de constater qu'un prélat breton y prit une place si large ? Il est vrai que Mgr Dupont des Loges devait occuper pendant 43 ans le siège de St-Clément et qu'une catastrophe sans exemple, en l'associant aux douleurs poignantes de son troupeau, fit de lui le plus patriote des Lorrains.

Paul Dupont des Loges était né à Rennes le 16 novembre 1804. Ses ancêtres avaient siégé au parlement de Bretagne. Son père, président de Chambre à la Cour de Rennes, refusa le serment pendant les Cent-Jours. Premier président sous la Restauration, il rentra dans la vie privée quand éclata la Révolution de 1830, suivi dans sa retraite par son fils aîné qui était conseiller à la cour.

Paul était le neuvième de onze enfants. De santé très délicate, il ne semblait pas être appelé à de brillantes destinées. Ses frères et ses sœurs l'appelaient malicieusement « la petite Pauline » tant il était éloigné, durant son enfance, des jeux bruyants de son âge.

Dès cette époque il s'était senti attiré vers le sacerdoce. Après de solides études au collège royal et au petit séminaire de Rennes, il fut reçu à St-Sulpice, où il demeura sept ans et où ses directeurs durent surtout s'appliquer à vaincre son extrême timidité.

Dans cette sainte maison il eut entre autres comme condisciples M. Dupanloup, qui devint plus tard le célèbre évêque d'Orléans et celui qui illustra la chaire de Notre-Dame de Paris, Lacordaire.

Après son ordination, Mgr. de Lesquen, évêque de Rennes, lui offrit un canonicat. Le jeune prêtre préféra se consacrer au ministère paroissial et pria le curé de Saint-Sauveur de l'accepter comme vicaire. Ce n'est qu'après la mort de son père que l'abbé Dupont des Loges fut nommé chanoine honoraire, et s'occupa d'œuvres, particulièrement de celle des orphelins. En 1840 Mgr. Morlot, évêque d'Orléans, fit de lui un vicaire général. Dès cette époque sa réputation de sagesse était établie. Vingt évêques l'avaient proposé au choix du Pape et du gouvernement pour un siège épiscopal. Sur les instances pressantes de ses supérieurs et de ses amis, après de longues et anxieuses hésitations, l'abbé Dupont des Loges accepta le siège de Metz. Il était âgé de 38 ans.

Les Lorrains sont très réservés. Il ne se donnent pas facilement. Le nouvel évêque était lui-même une de ces natures fermées dont il est malaisé d'abord de démêler les sentiments profonds. Le premier contact ne fut donc pas très chaleureux.

Le jeune prélat s'appliquait surtout à établir une discipline sévère, dont il était le premier à donner l'exemple. Et pourtant tel était le rayonnement de sa bonté, que bientôt Mgr Dupont des Loges devint le plus populaire des pontifes de France.

C'est que ce gentilhomme, doublé d'un saint, se dépensait sans compter pour les autres et que, dédaigneux de toutes les satisfactions personnelles et de tous les honneurs, il n'avait qu'un désir, qu'une volonté : le relèvement moral et matériel de son diocèse. Ne reculant devant aucune fatigue, dépensant largement son indemnité et sa fortune privée en bonnes œuvres, suscitant de merveilleux dévouements là où ses propres forces et ses propres ressources n'eussent pas suffi à réaliser ses généreux desseins, il s'appliquait à ne rien abandonner au hasard et asseyait sur des bases solides les nombreuses créations qui furent l'honneur de son épiscopat.

Lorsqu'en 1868 les Messins fêtèrent le vingt-cinquième anniversaire de la consécration de leur évêque, M. de Pontbriand récapitula, dans les termes suivants, les institutions qui devaient au prélat leur existence et leur prospérité :

« Comme chrétiens, nous vous remercions de ces églises si nombreuses que vous avez fait élever et restaurer dans le diocèse, de l'organisation des œuvres de la Propagation de la Foi et du Denier de Saint-Pierre, de l'extension donnée à l'œuvre du Bon-Pasteur, de l'établissement d'une maison de réconciliation et de persévérance à Montigny pour les prisonnières libérées, du Noviciat des Frères de Beauregard, de la maison de Rédemptoristes de Teterchen, de l'installation des Sulpiciens au Grand Séminaire.

« Comme amis des pauvres, nous vous remercions de l'organisation des Ecoles privées des Frères, des Orphelinats de la Providence, de Saint-Joseph, de Sainte-Constance, de l'œuvre des Jeunes Ouvrières, de l'appui donné à la Société charitable de Saint-Vincent de Paul et à la Société amicale de Secours mutuels.

« Comme pères de famille, nous vous bénissons d'avoir fondé le petit Séminaire, la Maîtrise, d'avoir installé les Jésuites à Saint-Clément, où nos enfants sont assurés de recevoir une éducation chrétienne. »

L'historien de Mgr Dupont des Loges, M. l'abbé Félix Klein, a rapporté par le menu, avec une émotion profonde et un incomparable talent, tout ce que ces créations et bien d'autres avaient coûté d'efforts à l'évêque de Metz. Avant d'aborder la carrière politique du prélat, je tiens à rendre hommage à l'écrivain au livre duquel j'ai dû faire de nombreux emprunts pour tracer à larges traits devant vous la silhouette attachante d'un grand patriote.

Mgr Dupont des Loges s'était toujours tenu systématiquement à l'écart de la vie publique.

Légitimiste intransigeant, il avait entretenu des rapports corrects, mais dépourvus de toute cordialité, avec la monarchie de juillet, la République de 1848 et le second Empire.

Quand en 1854, après une épidémie de choléra, le ministère du prince président le pria de proposer pour des décorations ceux de ses prêtres qui s'étaient particulièrement distingués par leur dévouement à soigner les malades, il refusa d'obtempérer à ce désir. Il s'en expliqua ainsi dans l'assemblée synodale de l'année suivante :

« La plupart des évêques, et je suis du nombre, tout en se montrant très touchés des dispositions du pouvoir, ont pensé qu'il était plus noble, plus digne de vous, messieurs, que le clergé ne fût pas compris dans la liste des récompenses. Qu'est-ce pour un prêtre qu'une mention honorable ou une médaille ? Dans le bien qu'il lui est donné d'accomplir, il ne cherche d'autre témoin que l'œil de Dieu et l'objet de son ambition n'est pas sur la terre. »

Mgr Dupont des Loges fut un des deux évêques qui n'assistèrent pas au baptême du prince impérial. Napoléon III disait de lui :

« L'évêque de Metz ne se laissera pas gagner, mais c'est un évêque ».

Voici d'ailleurs la profession de foi que nous trouvons dans une lettre que le prélat adressa au ministre Rolland :

« Il y a vingt ans, monsieur le ministre, que je porte le fardeau redoutable de l'épiscopat. Pendant ces vingt années, j'ai vécu sous plusieurs gouvernements. J'ose me rendre ce témoignage d'avoir toujours fidèlement rempli envers eux les devoirs qu'impose aux chrétiens la doctrine évangélique enseignée par saint Paul. Mais je crois leur avoir rendu un des plus grands services qui fussent en mon pouvoir : je n'en ai flatté aucun. »

Tout l'homme est dans cette dernière phrase.

Et pourtant quand vint la grande crise, quand, après les premières défaites, l'empereur fatigué, malade, découragé, s'arrêta quelques jours à Metz et reçut l'évêque, celui-ci fut pris d'une immense commisération pour le souverain qui, malgré tout, représentait à ses yeux la France meurtrie :

« Que ce pauvre empereur m'inspire de pitié, écrivait-il. Il ne m'a pas compté parmi ses partisans ; mais il me semble que je deviens bonapartiste aujourd'hui en le voyant si malheureux. »

Cependant, les événements se précipitent. Le canon tonne autour de Metz l'inviolée. Les calculs ambitieux d'un général politicien transforment en défaites les batailles de Borny, de Rezonville et de Saint-Privat. L'armée du Rhin est cernée, 22.000 blessés encombrent les hôpitaux de la ville assiégée. Mgr Dupont des Loges se multiplie. Une ambulance est installée dans son palais épiscopal. L'évêque va partout prodiguer les consolations de la religion aux mourants.

Un hasard le met en présence de Bazaine. Le maréchal lui rend sa visite et, au cours d'un long entretien, il s'abandonne jusqu'à confier à son interlocuteur interdit les louches arrière-pensées de sa tactique égoïste : « La résistance de Metz, dit-il, sera forcément de peu de durée. Et moi, une fois sorti, que deviendrai-je ? J'aurai toujours les Prussiens sur les talons et devant moi j'aurai à combattre les ennemis de l'ordre social qui ont partout relevé la tête. » Il avoue que le prince Frédéric-Charles lui a fait tenir des coupures de journaux qui sont décourageantes. Bazaine semble éprouver comme le besoin maladif de vider son cœur devant un homme dont il sait qu'il a l'âme trop haute pour abuser de ses confidences. Et de fait Mgr Dupont des Loges ne fera aucun usage de cette confession, même au cours du procès du maréchal.

Mais plus tard, pris d'un sentiment compréhensible de révolte, il écrira : « Un de mes plus grands sujets de confusion, après mes péchés, c'est qu'un tel homme m'ait par deux fois baisé la main. »

Après les brillants, mais inutiles combats de Noisseville et de Ladonchamp, l'armée du Rhin n'essaye même plus de briser le cercle de fer qui l'emprisonne. Le 27 octobre 1870, le maréchal signe la capitulation qui livre à l'ennemi la citadelle de la Lorraine avec les 150.000 hommes qui campent dans ses murs. La population est consternée, mais l'évêque est là pour relever les courages abattus.

Après la signature de la paix, Mgr Dupont des Loges a immédiatement compris le danger de l'émigration. 12.000 Messins, obéissant à un sentiment, d'ailleurs souverainement respectable, quittent le territoire annexé pour rester Français. L'évêque le regrette. Il sait que chaque indigène qui s'en va fait place à un Allemand. Du moins s'efforcera-t-il d'arrêter l'exode du clergé.

Dans une allocution synodale, il dit à ses prêtres : « Abandonner son peuple désolé et menacé, ce serait ressembler à ce pasteur que Jésus-Christ a flétri en l'appelant un mercenaire. Ce que l'avenir nous réserve, Messieurs, est le secret de la Providence. Mais ce que j'ai le droit d'attendre et ce que j'espère avec confiance du clergé de ce diocèse, c'est que, quoi qu'il arrive, tous resteront à leur poste, guides, avocats, consolateurs, conseillers, amis, pères des fidèles confiés à leurs soins, sentinelles vigilantes, défenseurs intrépides de la foi et des droits de la conscience. »

Au lendemain de la guerre, l'évêque de Metz, désireux d'apporter de grandes consolations aux grandes douleurs de ses diocésains, avait fait appel au Père Monsabré pour prêcher le Carême dans sa cathédrale. Son attente ne fut pas déçue. L'illustre dominicain obtint un prodigieux succès. Je ne citerai que la péroraison de son dernier sermon, prononcé le jour de Pâques :

Les peuples aussi ressuscitent quand ils ont été

baignés dans la grâce du Christ ; et, quand, malgré leurs égarements, ils n'ont pas abjuré la foi, l'épée d'un conquérant et la plume d'un diplomate ne peuvent les abattre pour toujours. *On change leur nom, mais non pas leur sang.* Quand l'expiation touche à son terme, son sang se réveille et revient, par une pente naturelle, se mêler au courant de la vieille vie nationale. Vous n'êtes pas morts pour moi, mes frères, mes compatriotes... Non, vous n'êtes pas morts ! Partout où j'irai, je vous le jure, je parlerai de vos patriotiques aspirations et de vos indomptables espérances; partout, je vous appellerai des Français, jusqu'au jour béni où je reviendrai dans cette cathédrale prêcher le sermon de la délivrance et chanter avec vous un *Te Deum* comme ces voûtes n'en ont jamais entendu.

En 1872, un journaliste malveillant avait reproché aux catholiques de se désintéresser des malheurs de la patrie. Cette calomnie frappa au cœur Mgr Dupont des Loges qui crut devoir y répondre dans une lettre pastorale indignée :

Quand la cause la plus chère est en jeu, écrivait-il, quand il s'agit des revers du pays et peut-être de sa destinée, on insinue contre nous que le vrai patriotisme n'est pas compatible avec ces principes immortels de notre foi qui nous sont plus chers que la vie.

Nous sommes contraints de l'avouer, que notre cœur se serre, en relevant pour notre part, de telles accusations, dans les circonstances que la divine Providence nous a faites. Quoi ! nous avons été séparés violemment par la rigueur des événements du pays qui nous a vus naître. Nous sommes devenus la rançon de la France, notre séparation douloureuse a délivré nos frères, et notre sacrifice a été leur salut. C'est là notre sort ! Nous le portons avec la résignation qui honore le malheur et en demandant à la religion les forces qui manquent à la nature. Et nous pourrions entendre dire quelque part, sans que notre sang se soulève, que ce que nous donnons à Dieu et à l'espérance d'une vie à venir, nous l'enlevons à cet impérissable sentiment que nous gardons au fond de nos âmes ? Cette amertume manquait à notre calice !

« Non, non, affirmons-le hautement, nous tous qui croyons et confessons notre foi, affirmons-le surtout en ces jours d'épreuve, à la gloire de la même foi, non moins qu'à l'honneur de la vérité : la fidélité à Dieu n'enlève rien à ces généreux sentiments de la nature. Loin de là. Le patriotisme le plus vif et le plus pur a toujours été religieux. Dans ce noble pays qui était encore le nôtre hier, et dont l'histoire remplit nos souvenirs, tout ce qui s'est fait de grand en ce sens a été marqué de ce caractère. Les noms seuls le disent. En nos jours même, malgré l'affaiblissement des âmes, si, par impossible, il avait fallu, comme en d'autres temps, le sacrifice de quelques vies pour désarmer le vainqueur qui nous réclamait comme gage de sa conquête, nous nous serions levés en grand nombre et chacun de nous aurait dit comme Eustache de Saint-Pierre, et en s'inspirant des mêmes sentiments que lui : « J'ai si grande espérance d'avoir « pardon en Notre-Seigneur si je meurs pour ce « peuple sauver, que veux être le premier. »

Quand au cimetière de Chambières les Messins eurent élevé un superbe monument aux 7,000 soldats morts pour la patrie pendant le siège de leur ville, Mgr Dupont des Loges tint à honneur d'assister à la touchante cérémonie d'inauguration. Invité à prendre la parole devant la foule immense qui se pressait dans le Champ de la Mort, il improvisa une allocution dont je citerai seulement les dernières phrases :

« Les familles en deuil garderont mieux désormais la recommandation que saint Paul adressait aux fidèles dans la perte de leurs proches et de leurs amis de ne point s'attrister comme ceux qui n'ont point l'espérance. Je m'arrête à ce mot, il est si doux... l'espérance ! »

Ah ! comme Mgr Pie, l'éminent évêque de Poitiers, avait raison d'écrire à son collègue de Metz : « Combien je prends part à toutes vos souffrances. Vous étiez bien l'homme de

France le moins préparé à n'être plus de la France. »

Un ami de Mgr Dupont des Loges ne nous a-t-il pas confié que, lui ayant un jour posé la question suivante : « Que ferions-nous Monseigneur, si nous redevenions Français ? » l'austère prélat avait répondu, le visage rayonnant : « Nous ferions des folies. »

Il avait été question un moment d'exiger des évêques le serment de fidélité à l'empereur allemand. Mgr Dupont des Loges était bien décidé à le refuser. Quand le danger fut passé, il écrivit malicieusement à son ami le Père Souaillard :

« Hélas ! je ne suis qu'un faux grand homme. On ne m'a pas demandé le serment et on ne m'a pas menacé de me priver de mon traitement. Une souscription allait s'ouvrir... La Providence a peut-être permis cette erreur pour apprendre à nos maîtres qu'ils ne gagneraient rien dans une persécution. »

Et pourtant les difficultés ne devaient pas tarder à se produire : expulsion des Jésuites, des Rédemptoristes et des Dames du Sacré-Cœur, fermeture des écoles des Frères, suppression de l'œuvre des Jeunes Ouvriers. En même temps, les autorités allemandes se livraient dans les écoles de la campagne à l'expérience, bientôt abandonnée, de la coéducation des sexes.

Les professeurs du petit séminaire de Montigny n'ayant pas assez rapidement adapté le programme de leurs études aux méthodes nouvelles, cet établissement très prospère, dut, pendant quelques années, fermer ses portes comme celui de Zillisheim en Alsace. En même temps les élèves ecclésiastiques étaient soumis à l'obligation du service militaire. Interdiction fut faite également d'inviter des prédicateurs étrangers sans autorisation préalable des bureaux de la préfecture. Plutôt que de se soumettre à ces dernières exigences, l'évêque renonça au concours des religieux de France et créa une maison de missionnaires diocésains.

Le 1er février 1874, les électeurs d'Alsace-Lorraine furent invités pour la première fois à envoyer 15 députés au Reichstag. Ce que furent ces élections, vous le savez, mesdames et messieurs. Un vent de révolte souffla sur les provinces annexées. Les noms des 15 premiers protestataires sortirent des urnes avec des majorités formidables,

Ce sera et cela restera l'honneur du clergé alsacien-lorrain d'avoir fourni un si fort contingent d'hommes intelligents et décidés à cette phalange sacrée qui devait libérer la conscience d'un peuple. Il était périlleux alors d'accepter le mandat d'opposer le droit imprescriptible à la force brutale. Mgr Dupont des Loges, que tout éloignait des luttes violentes, son tempérament comme sa situation, fut néanmoins des premiers à assumer cette lourde charge.

Un comité s'était formé à Metz pour choisir les candidats de la circonscription. Comme ses membres redoutaient des indiscrétions qui eussent paralysé leur action, ils se réunirent à Nancy. Un israélite, M. Goudchaux, depuis sénateur de Seine-et-Oise, proposa de confier à l'évêque de Metz la mission de représenter ses concitoyens. Mgr Dupont des Loges fut d'abord étonné qu'on eût pensé à lui ; mais on lui fit comprendre qu'il était de son devoir de ne pas abandonner les siens à cette heure solennelle et que son nom, en ralliant tous les suffrages, donnerait d'autant plus de force à l'expression de la volonté populaire. Il fit cependant ses conditions :

« Je veux bien, dit-il, porter à Berlin la protestation de mes compatriotes et de mes enfants ; mais, cet acte accompli, je ne m'occuperai plus de mon mandat et je ne prendrai plus aucune part au reste de la session. »

On ne lui en demandait d'ailleurs pas davantage. On vivait alors à l'époque héroïque, où l'Alsace-Lorraine, confinée dans sa douleur, ignorait, de propos délibéré, tout ce qui se passait dans l'empire germanique.

L'élection de l'évêque de Metz fut un triomphe. Il obtint 13.054 voix contre 2.346 suffrages que les immigrés avaient donnés au comte Haenckel de Donnersmark.

Le 11 février, Mgr. Dupont des Loges partit pour Berlin. Contrairement à l'usage établi en Allemagne, il portait la soutane violette, et quand le 18 il fit son entrée au Reichstag, en grand costume d'évêque français, cette nouveauté produisit une profonde sensation chez les membres de l'assemblée.

Je ne résisterai pas à la tentation de vous donner lecture des passages essentiels de la poignante déclaration dont les députés d'Alsace-Lorraine avaient, à l'exception d'un seul, arrêté les termes en commun, et que M.

Teutsch fut chargé de communiquer au parlement d'empire. Après 40 ans, mes compatriotes n'ont pas oublié que ces paroles, où pleurait la désolation d'un peuple violemment arraché à la patrie tant aimée, fut hachée d'interruptions malsonnantes et de rires moqueurs :

« *Les populations d'Alsace-Lorraine, dont nous sommes les représentants au Reichstag, nous ont confié une mission spéciale et des plus graves, que nous avons à cœur de remplir sans retard.*

« *Votre dernière guerre, terminée, à l'avantage de votre nation, donnait incontestablement droit à celle-ci à une réparation. Mais l'Allemagne a excédé son droit de nation civilisée en contraignant la France vaincue au sacrifice d'un million et demi de ses enfants.*

« *Au nom des Alsaciens-Lorrains, vendus par le traité de Francfort, nous protestons contre l'abus de la force dont notre pays a été la victime.*

« *Si, dans des temps éloignés et relativement barbares, le droit de conquête a pu quelquefois se transformer en droit effectif, si aujourd'hui* encore il réussit à se faire absoudre, lorsqu'il s'exerce sur des peuples ignorants et sauvages, rien de pareil ne peut être opposé à l'Alsace-Lorraine... En admettant, ce que nous ne reconnaissons pas, que la France ait eu le droit de nous céder, le contrat que vous nous opposez n'a pas de valeur. Un contrat ne vaut, en effet, que par le libre consentement des deux contractants. Or, c'est l'épée sur la gorge que la France saignante et épuisée a signé notre abandon. Elle n'a pas été libre, elle s'est courbée sous la violence, et nos codes nous enseignent que la violence est une cause de nullité pour les conventions qui en sont entachées.

« Vous le voyez, Messieurs, nous ne trouvons dans les enseignements de la morale et de la justice, rien, absolument rien, qui puisse faire pardonner notre annexion à votre empire, et notre raison en cela s'accorde avec notre cœur. Notre cœur en effet se sent irrésistiblement attiré vers notre patrie française. Deux siècles de pensée et de vie en commun créent entre les membres d'une même famille un lien sacré, qu'aucun argument, et moins encore la violence, ne saurait détruire. »

Une pénible épreuve était réservée aux députés des provinces annexées. L'évêque de Metz en souffrit plus que ses collègues. En effet, l'évêque de Strasbourg, Mgr Raess, que son éducation allemande avait mal préparé aux devoirs d'un député alsacien de la première heure et qu'effrayaient les conséquences qu'une trop violente protestation pourrait avoir pour les intérêts de son diocèse, crut devoir, le lendemain de cette séance solennelle, monter à la tribune du Reichstag, pour y faire la déclaration que voici.

« Messieurs, pour prévenir des commentaires fâcheux qui pourraient nous atteindre, moi et mes coreligionnaires, je me trouve en conscience obligé de déposer ici une simple déclaration : les Alsaciens-Lorrains de ma confession n'ont aucune intention de mettre en question le traité de Francfort, conclu entre deux grandes puissances. Voilà ce que je voulais dire dès le début. »

Quand Mgr Raess reprit sa place, ses collègues alsaciens-lorrains ne lui ménagèrent pas les marques de leur profond mécontentement. Il essaya du moins d'obtenir l'absolution de l'évêque de Metz :

— « M. Teutsch, lui dit-il, a parlé comme un élève de quatrième, je ne pouvais me taire après un pareil langage. »

— « C'est vous, hélas ! répondit avec hauteur Mgr Dupont des Loges, qui venez de prononcer des paroles qui auront dans tous les cœurs alsaciens le plus douloureux retentissement. »

Il avait raison, le vaillant prélat. Les Strasbourgeois le firent bien voir à leur évêque. Mais passons sur ce pénible incident, qui, à cette époque, fut le seul dont les annexés eurent à rougir.

Fidèle à sa parole, le député de Metz ne retourna plus à Berlin. A l'expiration de son mandat, il pria ses électeurs de reporter leurs suffrages sur le maire, M. Bezanson, un homme dont il appréciait hautement les sentiments dévoués et l'ardent patriotisme.

Plus tard, en 1884, les élections pour le Reichstag devaient lui occasionner cependant de graves soucis. Un prêtre de son diocèse, poussé par le parti allemand, posa sa candidature contre M. Antoine, député protestaire sortant. L'évêque, quoi qu'il en fût vivement sollicité, refusa d'intervenir dans la lutte et ce fut grâce à cette abstention voulue et dont chacun comprenait la signification, que M. Antoine obtint de nouveau une imposante majorité.

Les autorités allemandes savaient à quoi s'en tenir sur l'attachement de Mgr Dupont des Loges à son ancienne patrie. Cela ne les empêchait pas d'entourer le vénérable prélat de leurs plus prévenantes attentions. L'empereur Guillaume Ier, lors de ses deux premiers voyages en Lorraine, distingua particulièrement l'évêque de Metz. Plus tard, des rapports, empreints d'une certaine intimité, s'établirent entre ce dernier et le Statthalter, maréchal de Manteuffel, qui non seulement ne manquait pas de s'entretenir longuement avec le prélat, toutes les fois qu'il se rendait à Metz, mais qui avait pris l'habitude de le consulter confidentiellement par lettre quand il avait à prendre une décision importante.

Dans ces conversations comme dans cette correspondance, le maréchal s'appliquait à ménager les susceptibilités patriotiques de l'évêque : « « *Chez vous*, Monseigneur », « *dans votre pays* », disait-il lorsqu'il lui parlait de la France. Quand parurent, en 1880, les décrets qui expulsaient les congrégations du territoire de la République, M. de Manteuffel écrivait par exemple à Mgr. Dupont des Loges : « J'ai tenu, Monseigneur, à vous exprimer la grande part que je prends à la peine que doivent vous causer les événements qui se produisent dans votre pays. »

L'évêque de Metz avait, d'ailleurs, cet esprit fin et délicat qui arrache un sourire même à ceux qui lui servent de cible.

En voici un exemple.

L'aventure m'a été contée par l'ancien ministre prussien de l'intérieur, M. de Hammerstein, qui pendant plusieurs années fut préfet de la Lorraine annexée.

Il y avait dans les environs de Metz un brave curé qui était la coqueluche de ses paroissiens, mais qui faisait le désespoir des locataires de chasses du voisinage. Il braconnait avec passion, et les gardes, qui étaient peut-être ses complices, n'arrivaient pas à le prendre en flagrant délit.

A plusieurs reprises, M. de Hammerstein avait demandé à l'évêque le changement du curé :

— « Je n'ai rien à reprocher à cet excellent prêtre, répondait obstinément le prélat. Et puis, voyez-vous, Monsieur le préfet, le droit canonique n'interdit au clergé que la chasse à grand fracas, *cum magno strepitu.* »

Or, quelques mois plus tard, le préfet, en parcourant les journaux du matin, vit que le succursaliste-braconnier venait d'être transféré dans une paroisse très éloignée du champ de ses exploits cynégétiques. Il endossa immédiatement sa plus belle redingote et se rendit à l'évêché.

— « Monseigneur, dit-il, dès qu'il eût été introduit, je viens remercier, Votre Grandeur de ce qu'elle ait bien voulu céder enfin à mes sollicitations. »

— « Gardez-vous en bien, Monsieur le préfet, répondit Mgr. Dupont des Loges en souriant. Ce bon curé était venu lui-même me prier de lui donner une autre paroisse. Il n'y avait plus ni plume, ni poil dans la banlieue de son ancienne commune. Je l'ai donc envoyé dans une région plus giboyeuse. »

A plusieurs années de distance, M. de Hammerstein riait encore de bon cœur de cette spirituelle boutade.

Le maréchal de Manteuffel, lui, perdit son

sourire, quand, en 1882, se produisit l'incident connu du refus d'une décoration par l'évêque de Metz.

Les Alsaciens-Lorrains sont restés Français par leur goût pour les décorations. On l'a bien vu, durant les derniers mois, quand plus de 5.000 anciens combattants firent de pressantes démarches pour obtenir la médaille de 1870.

Le gouvernement allemand essaya d'abord d'exploiter à son profit ce petit travers. Il imposa, pour commencer, l'Ordre de la Couronne et celui de l'Aigle rouge à ceux qui pouvaient difficilement les refuser, aux maires, aux conseillers généraux et d'arrondissements, aux députés du Landesausschuss. Il se montra extrêmement accueillant aux quelques ralliés qui sollicitaient la récompense de leurs faiblesses. Les refus discrets opposés à ses prodigalités ne le découragèrent pas.

Permettez-moi de vous rapporter à ce propos une anecdote qui est d'hier.

Dans une société close, on fêtait ces jours derniers un des vétérans de la guerre franco-allemande, dont la boutonnière venait de se fleurir du ruban noir et vert.

Au dessert, le décoré se leva.

— « Messieurs, dit-il, il était de coutume, jadis, lorsque l'un d'entre nous se voyait imposer l'Aigle rouge, de lui infliger une pénitence. Il payait le champagne pour expier cette distinction. Aujourd'hui, je le paye pour marquer ma joie et mon orgueil d'en avoir obtenu une autre, qui me rappelle tant et de si chers souvenirs. »

Mgr. Dupont des Loges était éloigné de toutes ces petites vanités. J'ai déjà rappelé qu'il n'avait pas voulu que le dévouement de ses prêtres fût payé d'une médaille.

Lorsqu'en 1871 le gouvernement de la République lui envoya à lui-même la croix de la Légion d'honneur « pour services rendus pendant le blocus de la place », il écrivit à son frère :

« Cette nouvelle croix, dans d'autres circonstances, aurait été pour moi un embarras et une vive contrariété. Aujourd'hui, il n'en est plus ainsi : la population tout entière en a ressenti beaucoup de joie : c'est un souvenir de la France, et elle m'est donnée sur la proposition du ministre de la guerre pour cause de dévouement à nos chers blessés. Il paraît, d'ailleurs, que je ne pourrai porter cette décoration qu'avec l'autorisation de l'empereur d'Allemagne, qu'assurément je ne solliciterai pas. »

Il tint parole. Jamais le ruban rouge ne mit sa tache de sang sur sa soutane violette.

Après la première visite de l'empereur Guillaume Ier, une pluie de décorations s'était abattue sur la ville de Metz. Comme on faisait remarquer à l'évêque que son nom figurerait sans doute parmi ceux des nouveaux décorés :

— « Non, s'écria-t-il, ce n'est pas possible ; mes sentiments sont trop connus pour que l'empereur me cause cette peine. Si cependant il n'y avait pas égard, je suis fermement disposé à refuser. J'écrirai sur-le-champ au souverain que je ne puis accepter une distinction de ce genre, alors que je porte le deuil de ma patrie perdue, de ma religion persécutée, et de ma cathédrale incendiée. »

La cathédrale de Metz avait, en effet, été fortement endommagée par un incendie qui avait été provoqué par les illuminations, le soir de l'arrivée de l'empereur Guillaume.

En 1882, le maréchal de Manteuffel essaya d'enlever le consentement du prélat par surprise. La Statthalter avait, d'ailleurs, procédé avec une délicatesse extrême. Voici en quels termes il annonçait à Mgr. Dupont des Loges la nouvelle de son élévation au grade de commandeur de l'Ordre de la Couronne :

Monseigneur,

Je reconnais trop en Votre Grandeur un véritable prince de l'Église pour ne pas savoir que, comme tel, vous êtes au-dessus de tout ce qu'on pourrait nommer ambition mondaine et que les distinctions de ce monde ne vous touchent que peu. Mais, connaissant vos sentiments religieux, je sais aussi que Votre Grandeur sera touchée d'une preuve de l'intérêt que Sa Majesté l'Empereur porte aux âmes de ses sujets catholiques. C'est dans ce sens que j'ai l'honneur de vous envoyer les insignes de la décoration que Sa Majesté vient d'accorder à Votre Grandeur et d'y joindre l'ordonnance originale dans laquelle l'Empereur, — ce qui n'est pas l'usage chez nous, — daigne notifier sa décision.

Je prie Votre Grandeur d'agréer l'expression de ma plus haute et respectueuse considération.

E. MANTEUFFEL.

Strasbourg, le 12 décembre 1882.

Le même courrier apportait à l'évêque l'écrin

scellé aux armes du maréchal, qui renfermait la décoration. J'ajouterai de suite que l'écrin ne fut pas ouvert et qu'à la mort de l'évêque, quand un fonctionnaire vint en prendre livraison, on lui remit le paquet dans l'état même où il était arrivé. En effet, en Allemagne les décorés reçoivent la croix et le ruban en même temps que le diplôme. Les croix sont numérotées et doivent être rendues après le décès du titulaire.

L'embarras de Mgr. Dupont des Loges fut extrême. En refusant la décoration, il risquait de provoquer des représailles, non seulement contre sa personne, ce qui lui fût resté indifférent, mais contre ses diocésains, ce qui devait le faire hésiter à faire un éclat. Et pourtant, après une courte hésitation et malgré les conseils de la prudence, il ne crut pas que lui, le représentant le plus autorisé, non seulement de la religion, mais aussi de la conscience nationale, pût recevoir du vainqueur une distinction, sans doute flatteuse, mais dont l'acceptation eût impliqué comme une reconnaissance du fait accompli.

Il écrivit donc au maréchal de Manteuffel l'admirable lettre que voici :

Metz, le 15 décembre 1882.

Monsieur le Maréchal,

J'ai reçu la lettre par laquelle Votre Excellence m'a fait l'honneur de m'informer que S. M. l'Empereur me confère un de ses ordres pour reconnaître le soin que j'ai pris de procurer aux catholiques allemands, résidant à Metz, de nouvelles facilités pour accomplir leurs devoirs religieux.

Je suis touché du haut intérêt que le souverain daigne prendre aux efforts que nous faisons, mon clergé et moi, au milieu de graves difficultés, pour venir en aide à un grand nombre d'âmes dont la direction spirituelle nous est confiée.

Cependant, Monsieur le Maréchal, la distinction que vous m'annoncez me surprend autant qu'elle me confond. Dans les mesures récentes que j'ai cru adopter après de mûres et sérieuses réflexions, je n'ai eu d'autre mérite que celui de satisfaire à l'obligation que m'impose ma conscience d'évêque envers près de dix mille catholiques, que les circonstances ont amenés à Metz et qui ignorent plus ou moins complètement la langue française, la seule parlée par la population messine.

Votre Excellence me permettra d'ajouter l'expression d'un regret.

Pendant près de trente ans que j'ai eu l'honneur d'appartenir à l'épiscopat français, plus d'une fois le gouvernement me fit pressentir au sujet d'une semblable distinction, qu'il semblait désireux de me conférer, et chaque fois il voulut bien renoncer à son projet par égard pour ma résolution de me tenir à l'écart de toute préoccupation politique, et de me renfermer rigoureusement dans mes devoirs d'évêque. En cela, je croyais devoir donner à mon clergé un exemple salutaire.

Si vous m'aviez confié d'avance les intentions trop bienveillantes de l'Empereur à mon égard, je vous aurais prié, Monsieur le Maréchal, de plaider auprès de Sa Majesté la même cause que me rendaient doublement chère et la fidélité à mon passé et la religion des souvenirs.

Veuillez agréer, Monsieur le Maréchal, l'hommage de ma haute considération.

† PAUL, évêque de Metz.

M. de Manteuffel était homme à comprendre ces scrupules. Lui-même avait refusé en 1873 le titre de comte : « Il est bien vrai, disait-il quelques années plus tard, qu'on m'a sondé sur ce projet ; mais je n'ai pas fait mystère que je n'y consentirai pas. Je veux descendre dans la tombe avec le nom que j'ai reçu en venant au monde. Si j'étais né Manteuffel tout court, je mourrais de même. Je suis baron de Manteuffel et c'est ainsi que je veux mourir. »

Le maréchal avoua un peu ingénûment

à l'évêque de Metz les motifs qui l'avaient décidé à le faire décorer.

« Je respecte, lui écrivait-il le 16 décembre 1882, la religion de vos souvenirs, et la fidélité avec laquelle vous y tenez est une des causes de l'estime profonde que j'éprouve pour Votre Grandeur. Si malgré cela j'ai proposé à l'Empereur de vous conférer une de ses décorations, je vous le confesse, Monseigneur, confidentiellement, que j'ai en vue l'intérêt de mon Empereur, et que j'ai mis cet intérêt au-dessus des égards que j'aime tant à avoir pour Votre Grandeur Elle-même. Je tiens à la gloire de l'Empereur dans l'histoire. Personne qui connaît l'Alsace-Lorraine ne comprend les décorations conférées à Monseigneur l'Evêque de Strasbourg et au clergé d'Alsace, les comparant au rien vis-à-vis de la grande position que Votre Grandeur prend dans les esprits et de la tenue tranquille et digne du clergé de la Lorraine. Cela faisait tort dans l'opinion publique à l'Empereur et j'en souffrais… J'ai fait à l'Empereur un rapport dans lequel je Lui ai dit : l'évêque de Metz a donné tel et tel ordre. Ne croyez pas, Sire, que cela prouve un approchement à l'Allemagne, l'Evêque est et restera Français dans le fond de son âme, mais ce que je respecte, c'est que l'Évêque, au-dessus de tout ce qui est sympathie ou antipathie politique, ne pense qu'à sa concience, ayant le courage de froisser même l'opinion du jour quand il s'agit de sauver les âmes des catholiques parlant allemand dans son diocèse. »

Cet échange de lettres fût resté secret (car Mgr. Dupont des Loges était l'ennemi de toute réclame tapageuse), si le journal officieux de Metz n'avait pas cru devoir annoncer la distinction dont l'évêque avait été l'objet.

Cette indiscrétion décida le prélat à rendre également publique la réponse qu'il avait adressée au Statthalter. Inutile d'ajouter que l'incident eut un retentissement énorme des deux côtés de la frontière. Les Messins ne ménagèrent pas les marques de leur admiration à leur pasteur, qui reçut également de France une avalanche de lettres enthousiastes. Parmi ces dernières se trouvait une carte portant ces simples mots : « Léon Gambetta. Merci au nom de la patrie française tout entière. »

M. de Manteuffel maintint son estime et son amitié à Mgr. Dupont des Loges, bien qu'à partir de ce moment il se montrât vis-à-vis de lui un peu plus réservé : « Les rapports privés avec le maréchal sont redevenus bienveillants, écrivait l'évêque en janvier 1884, ils sont seulement plus rares, ce qui peut-être vaut mieux. »

Mgr. Dupont des Loges devait avoir des imitateurs. Laissez-moi vous rappeler à ce propos un souvenir personnel.

Il y a quelques années, M. le chanoine Winterer, le vaillant et si digne député alsacien, célébrait le 70e anniversaire de sa naissance. Le secrétaire d'Etat, M. de Kœller, m'ayant rencontré dans les couloirs du Landesausschuss, me tint le langage suivant :

— « M. Winterer a toujours été notre adversaire ; mais c'était un adversaire convaincu et loyal que nous tenons en très haute estime. J'ai l'intention de lui faire conférer une importante distinction, l'ordre de la Couronne de 2e classe. Rendez-moi le service de lui demander s'il en éprouvera quelque plaisir. »

— « Excellence, répondis-je, il me semble

bien que M. Winterer vous sera peu reconnaissant de cette attention. »

— « Essayez toujours. »

J'essayai. Le curé de Mulhouse, lorsque je lui fis part de l'offre du ministre, eut un sourire amusé.

— « Je n'ai pas, me fit-il remarquer, sauvegardé si longtemps mon indépendance pour me laisser mettre un collier au cou dans mes vieux jours, ce collier fût-il de soie ! »

Et comme à ce moment même M. de Kœller passait près de nous, M. Winterer lui posa la main sur le bras et appuyant sur chaque parole, il lui dit :

— « Excellence, M. Wetterlé vient de me renseigner sur vos bienveillantes intentions. Je vous en prie, n'en faites rien, ne m'obligez pas à vous adresser une lettre comme celle que Mgr. Dupont des Loges envoya autrefois, dans des circonstances semblables, au maréchal de Manteuffel. »

M. de Kœller ne se tint pas pour entièrement battu, et c'est grâce à son intervention que fut levée l'opposition que son prédécesseur avait faite au Vatican contre l'élévation de M. Winterer à la dignité de prélat romain. L'ancien secrétaire d'Etat, comme le maréchal, savait respecter de légitimes pudeurs. Politique sage et avisée, qui, si elle avait trouvé plus d'adeptes dans les sphères gouvernementales d'Alsace-Lorraine, aurait bien plus sûrement contribué à la pacification des esprits que la tyrannie administrative dont nous avons si souvent été les victimes.

Nous sommes arrivés au terme de la belle carrière de l'évêque de Metz. Ce qui vous aura le plus frappé, Mesdames et Messieurs, c'est la parfaite harmonie des idées et des actes, comme aussi l'unité de direction et la noble simplicité qui ont toujours présidé aux gestes de l'illustre prélat. Chez lui tout fut naturel et spontané. Il découvrait le mot juste presque sans le chercher, son tact merveilleux ne connut aucune défaillance.

Français de cœur, il agissait en Français, sans rechercher le bruit et l'agitation, et si profond était son attachement à la patrie, que même le vainqueur respectait les susceptibilités de son patriotisme. Rien n'était plus éloigné de sa pensée qu'une opposition bruyante et stérile ; mais il exigeait que personne ne violât l'asile de sa conscience où jalousement il entretenait le culte du passé.

Voilà pourquoi Mgr. Dupont des Loges restera un incomparable modèle de vertu sacerdotale et de courage civique.

C'est le 18 août 1886 que la mort vint le frapper, debout à son poste, vaillant jusqu'à la dernière minute. Mgr. Dupont des Loges était âgé de 82 ans.

Ses funérailles furent triomphales. Tous les habitants de Metz défilèrent devant son cercueil. Des bourgades les plus lointaines on était accouru pour rendre un dernier hommage au prélat patriote. Chaque famille envoya un délégué à la touchante cérémonie.

Les autorités allemandes avaient elles-mêmes tenu à honneur de s'incliner devant la majesté de ce grand mort. On voyait à côté du catafalque le prince de Hohenlohe, gouverneur d'Alsace-Lorraine, le grand-duc de Bade, M. Hoffmann, ministre d'Etat, le général de Heuduck.

Et c'est devant cette brillante assemblée qu'un Alsacien, Mgr. Korum, évêque de Trèves, prononça en termes éloquents l'éloge de celui qui, jadis, avait voulu se l'attacher comme coadjuteur et dont, mieux que tout autre, il avait apprécié les éminentes vertus.

De ce panégyrique je ne retiendrai que les quelques phrases, qui seront la conclusion de notre entretien de ce soir :

« Il fut, disait le prédicateur, il fut l'homme de l'honneur, lorsque les malheurs vinrent fondre sur son pays. Je puis bien le dire ici. Devant la mort on ne peut soupçonner les intentions. Si le Seigneur lui enleva sa patrie, ce lui fut une immense douleur, mais il resta fidèle à ses affections et indomptable dans son honneur. »

LES CONSTITUTIONS DE 1879 ET 1911

Mesdames, Messieurs,

Le sujet que je me propose de traiter aujourd'hui devant vous est quelque peu aride. Et pourtant il vous renseignera mieux que ne pourrait le faire n'importe quelle autre dissertation sur les sentiments que les Allemands nourrissaient pour la population de nos deux malheureuses provinces.

C'est le 16 avril 1871 que fut proclamée la Constitution de l'empire allemand. Cette Constitution consacrait le caractère fédératif de la nouvelle création. 25 Etats particuliers aliénaient volontairement une partie de leur indépendance pour augmenter leur puissance politique et économique collectives.

Dans un pays unifié comme la France, on peut difficilement se faire une idée de l'organisation de la fédération germanique. Les Etats, dont deux, Brême et Hambourg, ont une constitution républicaine, gardent leur autonomie. Ils ont, comme par le passé, leur souverain ou leur sénat, leur ministère, leur législation particulière. Ils prélèvent des impôts spéciaux, leurs budgets sont distincts, leurs corps de fonctionnaires nationaux.

Chose curieuse, et qu'on ignore généralement, il n'y a pas de nationalité allemande, sinon pour les sujets nés dans les colonies ; mais autant de nationalités qu'il y a d'Etats. Demandez à n'importe quel prisonnier ce qu'il est, il ne vous répondra jamais : « Je suis Allemand » ; mais : « je suis Prussien, Bavarois, Saxon. » Et il a raison ; car il n'est Allemand que parce que son pays d'origine, celui où il jouit de tous les droits du citoyen, fait partie de la confédération germanique.

Si le Mecklembourgeois veut se mettre à l'abri d'une expulsion en Wurtemberg, ou s'il désire entrer comme fonctionnaire dans l'administration de ce dernier pays, ou si enfin il aspire simplement à y acquérir le droit de prendre part aux élections, il est obligé d'abord de se faire naturaliser wurtembergeois.

La compétence législative de l'empire est

strictement limitée par la Constitution de 1871. Le Reichstag et le Bundesrath (Conseil fédéral) ne sauraient empiéter sur les prérogatives que les Etats particuliers se sont réservées. Si le code civil et le code criminel ont été unifiés en Allemagne, avec certaines réserves, d'ailleurs assez importantes, les lois religieuses scolaires, fiscales, varient de pays à pays.

L'empereur n'est pas le souverain de l'Allemagne, il est le simple président de la Confédération. Sans doute il peut déclarer la guerre, faire la paix, nommer les représentants de l'empire à l'étranger, commander les armées de terre et de mer ; mais pour toutes les lois d'empire il ne possède pas le droit de veto, et il est obligé de promulguer celles que le Conseil fédéral a, en dernière instance, approuvées.

Le Bundesrath se compose des délégués des Etats. La Prusse n'y compte que 17 plénipotentiaires sur 61. Les autres pays allemands y envoient un nombre variable de représentants, 6 pour la Bavière, 4 pour la Prusse, 3 pour le Wurtemberg, le grand-duché de Bade, la Hesse, un pour les Etats de moindre importance. Les décisions sont prises à la majorité. Les délégués ne peuvent voter que sur mandat impératif de leurs souverains. Les projets de lois sont présentés au Reichstag au nom des gouvernements confédérés. Jamais le chancelier, seul ministre responsable de l'empire ne met en avant la personne de l'empereur. Il emploie toujours la formule : « Les gouvernements confédérés m'ont chargé de vous soumettre telle ou telle proposition. »

Il était utile, voire même nécessaire, de rappeler ces dispositions générales pour mieux vous faire comprendre la politique d'oppression que les Allemands avaient inaugurée en Alsace-Lorraine.

Quand nos deux provinces furent annexées à l'Allemagne par le traité de Francfort, la question suivante se posa immédiatement : que fallait-il en faire? quelle place devaient-elles occuper dans la Confédération? quel serait leur statut national?

Les hyperpatriotes du Nord avaient préconisé le démembrement de l'Alsace-Lorraine et l'annexion de ses trois tronçons à la Prusse, à la Bavière et au grand-duché de Bade. Cette solution radicale ne fut cependant pas acceptée, parce que les Etats qui seraient sortis les mains vides du partage préférèrent garder sur les provinces conquises un droit de propriété au moins nominal. Il fut donc décidé que l'Alsace-Lorraine, « terre d'empire » (*Reichsland*), deviendrait une sorte de propriété collective des Etats allemands, la première colonie de la Confédération germanique.

Encore était-il nécessaire d'y régler les questions d'administration. Voici l'expédient auquel on eut recours. L'empereur allemand, comme délégué des princes et en leur nom, devait exercer les pouvoirs souverains en Alsace-Lorraine. La législation française était, au moins à titre provisoire, maintenue dans le pays d'empire. L'empereur pouvait cependant la modifier par des décrets-lois, qui devaient être ensuite communiqués au Reichstag et soumis à son approbation.

Pourquoi le Reichstag? Parce que les deux provinces, appartenant à la collectivité des Etats, c'était bien la représentation populaire de ces Etats qui, seule, était compétente pour y légiférer.

Cette situation n'était d'ailleurs pas tenable à la longue. En effet, comment un parlement, où siégeaient des députés de toutes les régions allemandes et où l'Alsace-Lorraine ne comptait que 15 mandataires sur 398, pouvait-il s'occuper de toutes les questions administratives d'un petit Etat de 1.500.000 habitants? De fait, il s'en occupa fort peu et, durant les 5 premières années de l'occupation, l'empereur seul régna en maître absolu en Alsace-Lorraine où il avait nommé, pour le représenter, un gouverneur général armé de pouvoirs dictatoriaux.

En 1875, un premier essai de gouvernement autonome fut tenté dans le pays d'empire. Une sorte de conseil général fut élu qui, d'accord avec le gouverneur, établit le budget et prépara la confection des lois locales. Ce n'était pas encore un parlement, puisque ses membres n'avaient que voix consultative. Cependant, la tentative ayant donné des résultats satisfaisants, on pensa bientôt à élargir les pouvoirs de l'assemblée, et c'est ainsi que fut élaborée la Constitution de 1879, qui devait marquer la première étape autonomiste de l'Alsace-Lorraine.

L'autonomie, tel fut, pendant les 44 derdières années, le résumé des aspirations et des revendications politiques des annexés, et ici je me vois obligé de donner quelques éclaircissements pour prévenir tout malentendu.

L'Alsace-Lorraine avait protesté avec la dernière énergie contre le changement de nationalité que le traité de Francfort avait imposé à ses habitants. Tant à l'assemblée législative de Bordeaux que plus tard au Reichstag, ses représentants avaient réservé les droits de leurs mandants : dans toutes les élections qui eurent lieu jusqu'en 1887, les provinces annexées envoyaient au Reichstag des députés protestataires.

Néanmoins, il avait fallu s'accommoder aux circonstances nouvelles que le traité nous avaient imposées. Nos provinces faisaient partie (peu importait que ce fût de gré ou de force) d'un grand organisme politique et économique dont toutes les crises intérieures l'atteignaient par contre-coup. Nos industriels s'étaient vu contraints de modifier à grands frais leur outillage pour l'adapter aux exigences d'une clientèle nouvelle. Nos commerçants avaient dû entrer en relations avec d'autres fournisseurs. Les lois sociales de l'empire étaient appliquées chez nous. La France ne pouvait nous être d'aucun secours pour nous affranchir d'une domination qui était d'autant plus cruelle qu'elle s'exerçait par l'entremise de fonctionnaires étrangers.

Nous ne pouvions donc pas, à moins de nous suicider, nous désintéresser de la marche des affaires dans l'empire germanique.

Tout en réservant notre droit de juger le fait historique de l'annexion à notre guise, tout en affirmant et nos regrets du passé et les espérances tenaces qu'entretenait dans nos cœurs la possibilité d'une guerre de revanche, nous devions de toute nécessité tenir compte du fait accompli et tenter de rendre habitable pour nous la maison dans laquelle on nous avait fait entrer de force. Notre collaboration à la législation de l'Alsace-Lorraine et de l'empire ne comportait en aucune manière la renonciation à nos préférences nationales, elle était par contre la conséquence forcée d'une situation que nous n'avions pas créée, mais de laquelle nous ne pouvions pas, pour le moment, nous affranchir.

De là sortit le programme autonomiste, dont voici la formule: étant donné que l'Alsace-Lorraine a été annexée par la Confédération germanique, elle a le droit absolu d'exiger l'égalité de traitement avec les Etats allemands. Ceux-ci ont chacun leur pleine indépendance, leur souverain, leur gouvernement, leur administration. Les provinces annexées veulent jouir des mêmes privilèges. Qu'on fasse d'elles un état complet ayant son chef d'Etat, son ministère, son parlement, sa nationalité, ses fonctionnaires à lui. Il n'est pas admissible que dans une Fédération d'Etats, une partie notable de la population soit traitée comme les nègres du Cameroun ou du Togo. Tous les groupes nationaux d'Allemands sont maîtres chez eux nous voulons être maîtres chez nous. Les Bavarois protesteraient avec la dernière énergie si on leur imposait des administrateurs prussiens, pourquoi les Alsaciens-Lorrains seraient-ils gouvernés par des gens du Nord?

Je le répète, ces revendications nous étaient imposées par une situation de fait que nous n'avions pas créée, mais qui n'en existait pas moins et dont nous devions tirer tous les avantages possibles, sans pour cela renoncer à nos sympathies personnelles ou collectives pour la patrie d'hier que nous pensions bien devoir redevenir la patrie de demain. Pour n'avoir pas saisi cette distinction entre nos aspirations nationales et les nécessités de l'heure présente, bon nombre de Français s'étaient imaginé que nous avions renoncé pour toujours à l'espoir d'être affranchis du joug prussien. Que de fois n'ai-je pas entendu dire : « Les Alsaciens-Lorrains seront parfaitement satisfaits de leur sort, le jour où ils auront obtenu leur complète autonomie dans le cadre de la Constitution de l'empire. » Jugement hâtif et téméraire, que seul pouvait expliquer une méconnaissance complète du caractère et de la mentalité de notre population.

Je suis d'ailleurs tout disposé à reconnaître que la terminologie prudente à laquelle nous devions recourir pour ne pas trop effaroucher nos ennemis et ne pas les pousser à de nouvelles rigueurs au moment où nous voulions obtenir d'eux plus de liberté, pouvait prêter à de fausses interprétations de nos sentiments.

Et puis il y avait encore une autre cause d'équivoque. Pour beaucoup de Français, l'Alsace et la Lorraine étaient restées les personnages légendaires des premiers jours qui suivirent l'annexion. Ils se les représentaient sous les apparences de deux sœurs, tellement absorbées dans la douleur, qu'elles en avaient perdu le goût du travail et de la lutte, et qu'elles passaient les interminables journées de leur exil à gémir et à se lamenter. Cela faisait très bien comme décoration de pendule et comme sujet de romance.

Or, la réalité était tout autre. Les Alsaciens-Lorrains appartiennent à une race énergique, que rien n'abat et qui, même dans les plus dures épreuves, gardent toute leur combativité et toute leur bonne humeur. Mes compatriotes avaient vaillamment accepté la situation pénible que des événements étrangers à leur volonté leur avaient faite, et ils s'étaient immédiatement mis à l'œuvre pour la rendre supportable sans tirer de traites à longue échéance sur l'avenir. Leur raisonnement était très simple : « Nous espérons, disaient-ils, que le jour viendra où nos revendications nationales trouveront pleine et entière satisfaction. Quand poindra son aurore? Nul ne saurait nous le dire. Tâchons donc, en attendant les revanches lointaines du droit, de tirer du présent tous les avantages qu'il peut nous offrir. »

Et ce fut là tout le programme des autonomistes, qui obtinrent la proclamation de la loi constitutionnelle de 1879. Ce programme ne comportait aucune renonciation, il était la simple affirmation de la ferme volonté que le peuple alsacien-lorrain avait de vivre et de rester lui-même afin de pouvoir, le moment venu, rendre à la France des provinces moins germanisées. Les Allemands ne s'y sont jamais trompés, et ils ne cessaient de traiter les autonomistes, du moins ceux de la seconde fournée, de « protestataires dissimulés » (*verkapple Protestler*).

Voici, dans ses grands traits, la situation que créait la constitution du 4 juillet 1879. L'empereur exerçait en Alsace-Lorraine les pouvoirs souverains en vertu d'une délégation révocable des princes confédérés. Comme le pays d'empire restait propriété collective des Etats, toutes les dynasties allemandes pouvaient cependant en théorie revendiquer chez nous une part de souveraineté. On s'amusa beaucoup de la fantaisie d'un principicule qui, débarquant un jour à la gare de Strasbourg, s'étonna de ce que « son » Statthalter ne fût pas accouru pour le recevoir. Le prince était cependant dans le vrai, bien que, d'après la loi, ce fût l'empereur qui nommât le gouverneur des provinces annexées, comme aussi les autres fonctionnaires.

Le Statthalter était assisté, dans l'administration du pays, par un secrétaire d'Etat et trois sous-secrétaires, chefs des différents départements ministériels. Le Reichstag se déchargeait du soin de légiférer en Alsace-Lorraine sur un parlement local, le Landesausschuss (Délégation). On a souvent comparé ce parlement à une sorte de sous-Reichstag ou de commission instituée par le parlement berlinois pour examiner les projets de lois du pays d'empire. De fait, le gouvernement de Strasbourg pouvait toujours en appeler du Landesausschuss au Reichstag, et celui-ci intervint, à plusieurs reprises, dans la législation particulière de l'Alsace-Lorraine. Je ne mentionnerai à ce sujet, que la loi sur les maires de carrière.

La Prusse, comme puissance présidiale de la Confédération germanique, présentait les projets de lois alsaciens-lorrains au conseil fédéral, et celui-ci les approuvait ou les rejetait après leur adoption par le Landesausschuss. Rappelons-nous que le Bundesrath n'est pas un parlement, mais la représentation des princes. Nos lois étaient donc bien présentées au Landesausschuss par l'ensemble des souverains allemands, et c'était de nouveau cette collectivité qui les ratifiait.

Suivons, si vous le voulez bien, l'élaboration longue et pénible d'une loi d'Alsace-Lorraine sous le régime de la Constitution de 1879. Le ministère de Strasbourg préparait le projet qui était ensuite soumis à l'appréciation du ministère prussien. Celui-ci, ayant délivré ce qu'élégamment on appelait un « certificat d'inocuité », le texte, paraphé par l'empereur et contresigné par le chancelier, était communiqué au Conseil fédéral ; 600 exemplaires imprimés en étaient tirés pour être envoyés aux gouvernements des Etats particuliers, afin qu'après examen ceux-ci pussent donner des instructions précises à leurs plénipotentiaires au Conseil fédéral. Adopté par le Bundesrath à la simple majorité des voix, le projet de loi était enfin déposé sur les bureaux du Landesausschuss, qui l'examinait et le votait en trois lectures. Enfin le Conseil fédéral ratifiait la loi et l'empereur la promulgait.

Les lois d'Alsace-Lorraine suivaient donc la même filière que celles de l'empire. Il y avait cependant une différence essentielle. L'empereur s'était arrogé la faculté d'arrêter à tout moment le fonctionnement de cet appareil compliqué et il prétendait avoir le droit de veto, même après un avis conforme de Bundesrath. Les plus éminents légistes de l'Allemagne prétendirent toujours qu'il y avait là usurpation de pouvoir. Cependant le Conseil fédéral n'éleva aucune protestation, et le droit coutumier se substitua, sur ce point, à la théorie constitutionnelle.

Le Landesausschuss ou parlement alsacien-lorrain, se composait de 58 membres. 34 députés étaient élus par les conseils généraux des trois districts, 4 par les conseils municipaux des grandes villes, 20 par les délégués des communes rurales, à raison d'un par arrondissement.

Pour les conseils généraux, des raisons de camaraderie étaient surtout déterminantes dans le choix des députés. Quant aux délégués électoraux des communes, ils furent longtemps soumis à la plus formidable pression gouvernementale. Toutes les fois que le maire n'était pas nommé délégué, le Kreisdirector ou sous-préfet ordonnait au gendarme de faire une enquête minutieuse sur les motifs de cette exclusion, et les conseillers municipaux savaient à quels ennuis cette enquête pouvait les exposer. Or, les maires des petites communes ne sont pas élus en Alsace-Lorraine, mais nommés directement par les présidents des districts. En exigeant par des moyens détournés leur désignation comme délégués, le gouvernement voulait donc s'assurer des électeurs souples et dévoués.

De plus, l'élection des délégués avait lieu tardivement, huit jours à peine avant leur convocation au chef-lieu de l'arrondissement pour la nomination du député, et les listes n'étaient pas communiquées aux candidats de l'opposition. Or, pour obtenir la majorité des suffrages, il fallait, à tout prix, visiter personnellement les délégués. J'ai, pour ma part, fait plusieurs fois de la sorte le tour de ma circonscription en trois jours, campagne électorale fatigante entre toutes, car 59 visites représentaient 59 bouteilles de derrière les fagots. Dans notre vignoble, malheur au candidat qui ne sait pas faire ses preuves, le verre à la main.

Malgré toutes les précautions que le gouvernement avait prises pour assurer l'élection de députés qui lui fussent favorables, nous étions arrivés cependant, vers 1900, à entrer en nombre au Landesausschuss, et dès lors la question d'une nouvelle réforme constitutionnelle se posa impérieusement. L'Alsace-Lorraine voulait arriver à une autonomie complète. Tous les partis avaient inscrit cette revendication en première ligne sur leurs programmes. Le Landerausschuss la fit sienne en 1901 quand il adopta la motion Krafft.

M. de Koeller, qui alors présidait aux destinées de l'Alsace-Lorraine et qui avait inauguré une politique d'apaisement, dont la suppression de la dictature avait été le premier acte public, essaya de canaliser le mouvement. C'est à son intervention personnelle qu'il faut rapporter le dépôt au Reichstag de la motion Preiss qui prétendait donner au pays d'empire une indépendance législative complète, tout en maintenant à l'empereur l'exercice des pouvoirs souverains. « N'effarouchez pas la Prusse, avait dit le secrétaire d'Etat aux députés de l'opposition, mais faites-vous d'elle une alliée. Il faut avant tout que le Reichstag, où le centre et la gauche vous ont toujours témoigné quelques sympathies, soit saisi d'un projet de loi sur la constitution d'Alsace-Lorraine. Une fois la discussion entamée, rien ne vous empêchera d'aller plus loin dans vos exigences et qui sait si, pour en finir avec vos récriminations, on ne vous donnera pas un chef d'Etat particulier. »

La motion Preiss ne fut néanmoins pas prise en considération par le Reichstag et une dizaine d'années passèrent avant que le parlement d'empire fût appelé à s'occuper de nouveau de l'Alsace-Lorraine. Entre temps, M. de Kœller avait dû démissionner et avait été remplacé par un homme d'Etat alsacien, M. le baron de Bulach, qui crut devoir inaugurer immédiatement, pour se faire pardonner ses origines, la politique de la « main forte ». M. de Bulach est un petit esprit. Il devint l'instrument du sous-secrétaire d'Etat de l'intérieur, M. Mandel, un Bavarois dur et grossier, le type du légiste, qui ne connaît que la loi écrite et l'applique sans ménagements.

L'ère des difficultés s'ouvrit immédiatement. Rappelons en quelques mots les principaux incidents qui provoquèrent une rupture définitive entre le ministère et le parlement d'Alsace-Lorraine : l'interdiction de la représentation des « *Plaideurs* » de Racine, les débats orageux sur la motion Kubler relative à l'enseignement du français dans les écoles primaires, l'affaire du monument de Wissembourg, l'expulsion du Suisse Wegelin qui avait fait jouer la *Marseillaise* dans un café de Mulhouse, les procès retentissants intentés aux dessinateurs Hansi et Zislin, la fermeture du cercle des étudiants, l'incident du drapeau de la *Fille du régiment* au théâtre de Colmar, l'indignation que provoqua au parlement la phrase de M. de Bulach : « L'empire ne vous doit rien. » Chaque session du parlement se passait en discussions âpres et tumultueuses, que l'incapacité du secrétaire d'Etat et l'impertinence de M. Mandel transformaient en scènes scandaleuses.

C'est alors que M. de Bulach se rendit un jour chez le Statthalter, comte de Wedel, et lui dit, comme il l'a lui-même raconté plus tard : « Cela ne saurait durer davantage, il faut à tout prix changer la Constitution pour venir à bout de l'opposition. »

La préparation du projet de loi fut longue et pénible. La préoccupation unique du ministère était d'un côté d'augmenter les prérogatives de la couronne prussienne, de l'autre de paralyser l'opposition nationale en donnant plus d'action aux rivalités des partis politiques.

Le premier projet prévoyait pour les élections de la Chambre populaire la proportionnelle avec le vote plural d'après le système appliqué en Belgique. Il fallut cependant bientôt renoncer à la proportionnelle, parce que celle-ci n'avait pas trouvé l'agrément des libéraux et des socialistes, et que, par ailleurs, elle eût pu créer une dangereuse agitation dans les autres Etats.

Le vote plural atténué (seconde voix accordée à l'âge), que le projet gouvernemental avait maintenu, fut écarté par le Reichstag. Celui-ci adopta le suffrage universel, direct, égal et secret, malgré l'opposition des conservateurs qui redoutaient que cette réforme démocratique eût un contre-coup en Prusse.

L'introduction en Alsace-Lorraine de ce mode de suffrage pour les élections de notre parlement particulier répondait à un vœu que les députés alsaciens-lorrains avaient toujours formulé. Sur ce point la Constitution du 31 mai 1911 représentait un progrès, dont nous étions loin de méconnaître l'importance ; mais ce progrès devait être payé d'un prix beaucoup trop élevé, comme vous allez le voir.

En effet, au-dessus de la seconde chambre, le projet gouvernemental, qui sur ce point devait trouver l'agrément du Reichstag, prévoyait une première chambre ou Sénat dont la composition faisait une assemblée entièrement gouvernementale. On y trouvait 5 membres de droit : les deux évêques de Strasbourg et de Metz, les présidents des deux consistoires protestants et le président de la Cour d'appel ; venaient ensuite les membres élus : un représentant de l'université désigné par le corps professoral, un délégué des consistoires israélites, quatre sénateurs nommés par les conseils municipaux des grandes villes, 6 autres nommés par les Chambres de commerce, six que choisissait le Conseil de l'agriculture, deux qui sortaient de la Chambre des artisans. Cela nous donnait un total de 23 membres de la Chambre haute. Or, la Constitution prévoyait que l'empereur pouvait, sur la présentation du Bundesrath, en nommer directement 23 autres.

On nous fit remarquer au Reichstag que, dans les autres Etats, le même privilège était assuré au souverain. Il y avait cependant une différence notable entre ce qui se passait ailleurs et ce qu'on allait imposer à l'Alsace-Lorraine. En effet, la nomination des « pairs » en Angleterre et dans les pays constitutionnels à deux Chambres, la Prusse y comprise, est irrévocable, et les détenteurs des mandats, assurés de les exercer jusqu'à leur mort, peuvent retrouver leur indépendance, même quand des complaisances antérieures les ont disignés au choix des souverains. En Alsace-Lorraine, les sénateurs de la couronne étaient, au contraire, nommés par l'empereur pour la durée d'une législature seulement. Ils savaient donc que, s'ils ne justifiaient pas pleinement les espérances qu'on avait placées en leur docilité, leur mandat ne leur serait pas renouvelé.

Comme l'a fort bien fait remarquer le professeur Laband, une Chambre haute composée de la sorte devait simplement servir de paravent au ministère. Faut-il ajouter qu'une institution aussi rétrograde ne pouvait jouir d'aucune estime et d'aucun crédit auprès de la population si foncièrement démocratique de nos provinces?

Le gouvernement d'Alsace-Lorraine ne devait pas d'ailleurs se contenter de ces premières garanties contre l'indépendance du parlement.

La seconde Chambre aurait pu, en cas de conflit, user de son droit budgétaire pour obliger le ministère à capituler devant ses exigences. La difficulté fut envisagée et on y trouva une solution dépourvue d'élégance. Pour le cas où les députés auraient refusé de voter la loi de finances, la Constitution autorisait indéfiniment le gouvernement à prélever les impôts, à engager les dépenses, à émettre des bons du trésor sur la base de l'exercice précédent. Les privilèges budgétaires étaient ainsi rendus complètement illusoires. De plus, en cas de prorogation du parlement, l'empereur était autorisé à promulguer des décrets-lois.

Enfin, et c'était là que se trouvait la plus grande injustice vis-à-vis d'un peuple qui avait donné tant de preuves de sagesse et de maturité politique, le gouvernement de Strasbourg restait dans l'entière dépendance de Berlin. C'était en effet l'empereur qui nommait et révoquait à sa guise le Statthalter et ses collaborateurs. La représentation qu'on nous avait accordée au Conseil fédéral n'était qu'un trompe-l'œil. En effet, les trois délégués de l'Alsace-Lorraine dans cette assemblée recevaient leurs instructions du Statthalter ; mais celui-ci, n'étant qu'un fonctionnaire impérial révocable, ne pouvait, de toute évidence, pas leur prescrire un vote désagréable à la Prusse.

En résumé, la Constitution de 1911 éliminait de notre législation particulière le Reichstag et le Bundesrath ; mais elle augmentait dans des proportions énormes la puissance de l'empereur. Si le mode de suffrages prévu pour les élections de la seconde Chambre représentait un progrès sérieux, la composition du Sénat plaçait nos institutions parlementaires au-dessous de celles des pays les plus rétrogrades.

On nous avait donc, une fois de plus, imposé les pires entraves. La nouvelle Constitution représentait un arrêt presque définitif dans la voie du libre développement d'un légitime particularisme. N'avait-on point, par exemple, fait place dans la loi constitutionnelle elle-même aux prescriptions mesquines et tracassières qui limitaient en Alsace-Lorraine l'usage de la langue française de peur que le parlement strasbourgeois pût, sur ce point, se montrer trop libéral?

Et comme si toutes ces précautions ne devaient encore pas suffire, l'article 28 de la loi prévoyait que toute modification ultérieure de la nouvelle Constitution serait du ressort du Reichstag et du Bundesrath. Nous ne pouvions donc rien changer nous-mêmes à notre statut national. Notre Constitution gardait son caractère de précarité. A tout moment les organes législatifs de l'empire étaient libres de nous la retirer ou de la transformer. Nous restions, en théorie comme en fait, terre d'empire, propriété collective des Etats, colonie, jouissant, mais provisoirement seulement, du droit de s'administrer elle-même sous la souveraineté du roi de Prusse. Nous étions livrés pieds et poings liés au bon vouloir des pouvoirs législatifs et de l'exécutif de Berlin.

La désillusion fut grande dans nos provinces, où on avait d'abord espéré s'affranchir d'une tutelle aussi inutile que dégradante.

Les Alsaciens-Lorrains furent surtout, à cette occasion, péniblement surpris de voir tous les grands partis du Reichstag s'associer à cette œuvre d'asservissement. C'est que, depuis une dizaine d'années, l'opinion publique avait évolué en Allemagne, et le pangermanisme avait fini par dominer même l'opposition parlementaire. Autrefois, toutes les fois qu'au parlement d'empire les Alsaciens-Lorrains faisaient entendre leurs plaintes légitimes contre un régime d'oppression, ils trouvaient toujours l'appui et du centre, et des démocrates, et des socialistes. Seuls les conservateurs et les nationaux-libéraux estimaient que nos chaînes n'étaient pas encore assez lourdes. En 1901, pour la dernière fois, nous avions trouvé au Reichstag une majorité qui nous fût favorable. Depuis lors nous devions être l'objet des plus amères critiques et des récriminations les plus injustes, même de la part de nos anciens défenseurs.

Que, lors de la discussion de notre loi constitutionnelle, les socialistes eussent vendu les principes les plus élémentaires de leur programme pour le plat de lentilles du suffrage universel passe encore. Que les partis gouvernementaux (et les démocrates avaient passé avec sac et bagages dans la majorité du chancelier) eussent pensé, grâce à cette réforme incomplète, refouler le nationalisme alsacien-lorrain, je serais encore presque disposé à le comprendre et à l'excuser. Mais que le centre eût voté une loi qui était avant tout dirigée contre ses alliés des provinces annexées ; qu'il eût, malgré eux, accepté que la délimitation des circonscriptions électorales fût faite par ordonnance de l'empereur ; qu'après avoir présenté toute une série d'amendements remarquablement étudiés, il se fût, pas à pas et sans obtenir aucune compensation, replié sur le projet gouvernemental, voilà ce qui provoqua dans notre pays les plus vives protestations. Que voulez-vous ? le centre des Spahn et des Ezrberger n'était plus celui des Mallinkrod, des Reichensperger et des Windhorst.

Et puis, je l'avouerai en rougissant un peu, les grands partis du Reichstag avaient trouvé des complices dans nos propres rangs. Trois représentants de l'Alsace-Lorraine furent à Berlin les agents les plus déterminés de M. de Bulach : M. Hoeffel, député de Saverne, M. Vonderscheer, député de Schlestadt, M. Grégoire, député de Metz. A ces transfuges il importe d'ajouter le Dr Ricklin, député d'Altkirch-Thann, dont l'attitude hypocrite et sournoise facilita singulièrement la tâche du chancelier.

Celui-ci avait, dès la première heure, fait vibrer la note patriotique. Tous les groupes parlementaires, oublieux de leurs promesses d'antan, ne pensèrent donc plus qu'à sauvegarder contre les dangers du dehors les « Marches de l'Ouest ». Et c'est ainsi que la vieille théorie bismarkienne reparut brusquement.

L'Alsace-Lorraine était et devait rester le « glacis », le boulevard, la zone militaire de l'Allemagne. Tant pis pour ceux qui avaient le malheur de l'habiter.

La première application de la loi constitutionnelle eut lieu en octobre 1911. Le résultat des élections ne donna pleine satisfaction à personne. Le gouvernement avait escompté une majorité libérale-socialiste ; les nationalistes pensaient retrouver leur solide groupement des dernières sessions du Landesausschuss. Or, les électeurs envoyèrent au parlement 26 députés du centre et 10 survivants du groupe lorrain. Les libéraux ne conquirent que 8 mandats, les socialistes rentrèrent par contre au nombre de 11 dans le palais de la place impériale. 4 indépendants complétaient la représentation populaire.

Les nationalistes sortirent très diminués de la lutte. Preiss, Blumenthal, Laugel, Helmer restèrent sur le carreau. Il est vrai que pour avoir raison d'eux les troupes gouvernementales avaient dû se résigner à faire ouvertement campagne pour les candidats socialistes. Formidable pression officielle, surexcitation des appétits des fonctionnaires, rivalités confessionnelles, tout avait été mis en œuvre pour éliminer ces grands lutteurs de l'arène parlementaire.

Et pourtant, bientôt, les maladresses gouvernementales devaient faire renaître les incidents d'autrefois. Je rappellerai seulement la suppression de la *Lorraine Sportive* et les affaires de Grafenstaden et de Saverne. A plusieurs reprises le ministère se vit infliger de sanglants votes de blâme qui l'atteignirent d'autant plus durement qu'il furent émis à l'unanimité.

M. de Bulach, qui croyait jouir de l'entière faveur impériale, ne manquait jamais, en ces circonstances, de répéter : « Que m'importent vos blâmes? je resterai à mon poste tant que le souverain me maintiendra sa confiance. »

Il devait cependant bientôt, à son tour, disparaître, avec son chef, le comte de Wedel et son collaborateur, M. Mandel. Le parti militaire trouvait que ce gouvernement était encore trop faible vis-à-vis des parlementaires et de la population. Il lui fallait un régime plus violent et plus inhumain. Et c'est ainsi que l'Alsace-Lorraine fut gratifiée, quelques mois avant la guerre, de ce ministère de Dallwitz-de Roedern qui devait substituer les verges de fer aux verges de bois et reprendre à nouveau en Alsace-Lorraine le régime de la terreur, en attendant que les difficultés qui s'annonçaient provocassent l'annexion du pays d'empire à la Prusse.

En effet, les conservateurs et le parti des généraux n'avaient jamais renoncé au plan primitif des acolytes de Bismarck. Pour eux, il n'y avait de solution au conflit que dans l'incorporation définitive de l'Alsace-Lorraine dans le territoire de la grande monarchie du Nord. Ils ne cessaient de représenter tous les essais d'autonomie provinciale comme des actes de faiblesse, voire même de trahison, du chancelier et du parlement d'empire.

C'est là que nous en étions quand la guerre survint, apportant aux annexés l'espérance d'un prochain affranchissement. L'Allemagne, on ne saurait trop le répéter, avait fait faillite dans toutes ses tentatives d'assimilation. La population de l'Alsace-Lorraine avait résisté aux avances de MM. de Manteuffel et de Koeller comme aux menaces de MM. de Puttkamer et de Wedel. Elle n'attendait plus son salut que d'événements tragiques qu'elle n'avait pas le courage de souhaiter, mais que les tentatives chaque jour plus audacieuses du pangermanisme lui faisaient prévoir.

De ce que je vous ai exposé, il ressort que l'Allemagne a manqué vis-à-vis de nous de toute générosité. Si elle avait su, dès la première heure, faire aux éléments indigènes de notre population une place très large dans l'administration du pays, si elle avait respecté nos mœurs, nos traditions, nos souvenirs, si elle avait donné à notre parlement des attributions étendues, peut-être que le temps eût accompli son œuvre de pacification et d'accommmodement. A vouloir partout et toujours briser nos résistances par la violence, à limiter toutes nos libertés publiques, à persécuter les indigènes jusque dans le domaine sacré de la conscience individuelle, les représentants de l'empire germanique ont eux-mêmes entretenu l'esprit protestataire dans notre population. Ils ont semé le vent, ils récoltent maintenant la tempête ; car le doute n'est pas permis, les Alsaciens-Lorrains, dans leur écrasante majorité, souhaitent ardemment le retour à la France. Le Dr Ricklin, président de la seconde chambre, le triste personnage qui, depuis le début des hostilités, a cru devoir donner aux Allemands tant de gages de son servilisme, le reconnaissait lui-même dernièrement dans le discours qu'il prononça à la fin de la session de guerre.

Demain l'Alsace-Lorraine sera de nouveau française et elle le sera avec enthousiasme, avec ivresse. Demain encore les nécessités de la défense nationale obligeront sans doute la

République à reculer ses frontières jusqu'à la boucle du Rhin et de la Moselle. Nos deux provinces redeviendront de simples départements français ; mais quel régime faudra-t-il imposer aux deux millions de Rhénans qui seront séparés de la Prusse ? en fera-t-on des citoyens français? Non, ce serait trop d'honneur pour eux, un trop grand danger pour nous.

Les lois constitutionnelles, que l'empire germanique imposa pendant 44 ans à l'Alsace-Lorraine, trouveront là un excellent emploi. De quel droit les Allemands du Rhin pourraient-ils se plaindre qu'on les traitât comme ils nous avaient eux-mêmes traités? L'histoire a de ces retours instructifs. Si j'ai tant insisté sur les Constitutions alsaciennes-lorraines de 1879 et de 1911, c'était surtout pour montrer qu'on ne saurait en faire de meilleur usage qu'en en gratifiant à leur tour ceux qui nous les donnèrent.

La province du Rhin, pays de protectorat français, soumis au régime que l'Allemagne inaugura et maintint en Alsace-Lorraine, n'est-ce pas la solution idéale du problème qui se posera bientôt?

Mais n'anticipons pas sur les événements. Contentons-nous de nous réjouir de l'affranchissement des provinces perdues. Les jours que nous vivons sont tragiques. Le sang coule à flots, mais ce sang n'est pas perdu. Semence généreuse, il lèvera en abondantes moissons de justice et de liberté. Les Alsaciens-Lorrains ne seront pas seuls à récolter le fruit de leur fidélité et de leur courageuse résistance. Les Danois et les Polonais vont aussi connaître des jours meilleurs et avec eux tous les civilisés seront délivrés de la menace de cette lourde et implacable domination prussienne, que nous avons si longtemps subie et qui menaçait tous les autres peuples de l'univers.

LES PARTIS POLITIQUES

Mesdames, Messieurs,

L'annexion brutale de l'Alsace-Lorraine à l'empire germanique provoqua d'abord, et nul n'en sera surpris, un déchirement si douloureux que, frappée de stupeur, la population des deux malheureuses provinces se replia sur elle-même pour ne plus penser qu'à l'épouvantable malheur qui la frappait. C'était comme la souffrance affolante d'enfants qui ont perdu une mère tendrement chérie et que les hasards de la vie livrent à tous les caprices d'une marâtre. Les Alsaciens-Lorrains ne voulaient pas être consolés, parce qu'ils croyaient avoir tout perdu.

L'option et l'émigration en masse, qui en avait été la suite, devaient d'ailleurs priver le peuple d'Alsace-Lorraine de toute direction pendant un grand nombre d'années. Si les industriels liés au pays par leurs intérêts, n'avaient pas quitté le pays, les nécessités de l'heure leur imposaient la plus grande réserve. Par contre, juges et avocats, notaires et médecins, journalistes et hommes politiques avaient abandonné les provinces annexées pour se créer une existence nouvelle de l'autre côté des Vosges. Bon nombre de bourgeois aisés les avaient suivis afin d'éviter à leurs fils la honte de porter le casque prussien.

Bismarck avait bien exprimé le désir que le corps des fonctionnaires français demeurât à son poste ; mais ce n'était là qu'une fourberie de plus du chancelier de fer. De fait, les quelques rares transfuges qui acceptèrent de servir l'Empire furent rapidement découragés par la horde de faméliques qui s'étaient, au lendemain de la conclusion du traité de Francfort, abattus sur l'Alsace-Lorraine et qui entendaient bien s'assurer la propriété exclusive de tous les fiefs administratifs du pays conquis.

L'Allemagne avait manqué, comme toujours, de générosité. Elle eût dû comprendre qu'au lendemain d'une guerre aussi barbare, elle ne pouvait pas exiger que les fils des vaincus revêtissent l'uniforme du vainqueur. Elle ne voulut pas faire cette concession. La conscription militaire fut introduite dans le pays d'Empire immédiatement après l'annexion. Est-il dès lors surprenant que tous les jeunes gens à qui leurs moyens le permettaient aient émigré ? Quant à ceux qui restaient, pouvait-on exiger d'eux qu'ils acceptassent de terminer leurs études dans les lycées et les gymnases, d'où l'enseignement du français était banni et où des maîtres étrangers avaient, sans transition aucune, introduit leurs méthodes nouvelles ?

Quelques collèges libres qui avaient survécu au bouleversement général devaient être fermés dès 1873.

Voici donc quelle était la situation en 1874 quand, pour la première fois, l'Alsace-Lorraine fut invitée à nommer 15 représentants au Reichstag : un peuple abattu, appauvri, désorienté, sans guide, comme sans programme, n'ayant qu'un regret farouche, la perte de son ancienne nationalité, qu'un espoir tenace, la prochaine résurrection de la France.

Les élections furent ce qu'elles devaient être : un cri formidable de réprobation contre la violence qui avait été faite aux habitants du pays. Les 15 députés de l'Alsace-Lorraine n'avaient en effet pas présenté d'autre programme que celui de la protestation contre l'annexion.

A noter que parmi les élus se trouvaient deux évêques et quatre prêtres : N. N. S. S. Dupont des Loges et Raess et Messieurs Winterer, Guerber, Simonis et Soenlin.

Gambetta lui-même avait conseillé à ses amis des provinces annexées de faire appel au dévouement du clergé. Il y avait en effet disette de candidats capables de faire entendre la voix du peuple. La plupart des représentants des professions libérales s'étaient expatriés. Ceux qui étaient restés au pays se croyaient contraints à observer la plus grande réserve. Quant aux industriels, qui devaient modifier leur outillage et se créer une nouvelle clientèle, ils ne pouvaient s'occuper de politique militante sans compromettre gravement leurs intérêts. Le clergé ne s'imposa donc pas aux suffrages des électeurs, Tout naturellement ceux-ci allèrent à lui, parce qu'ils le supposaient à bon droit assez dévoué à la chose publique pour ne pas reculer devant la persécution, et, assez indépendant de caractère pour ne pas se laisser acheter par le vainqueur. Malgré la défaillance regrettable de l'Evêque de Strasbourg, auquel ses prêtres ne pardonnèrent pas les déclarations ambiguës, que, se séparant de ses collègues, il fit quelques semaines plus tard au Reichstag, la confiance du peuple alsacien-lorrain ne fut pas trompée.

Ce sera l'éternelle gloire des ministres du culte en Alsace-Lorraine d'avoir, en ces heures tragiques, accepté la périlleuse mission de porter devant le parlement d'Empire les revendications du droit et de la justice violées par un vainqueur sans pitié.

L'année précédente, des élections pour les conseils généraux avaient eu lieu dans toute l'Alsace-Lorraine. Elles avaient provoqué un curieux incident. La loi allemande exige que, pour pouvoir exercer son mandat, le conseiller général prête d'abord le serment de fidélité, dont voici la formule : « Je jure obéissance à la Constitution et fidélité à l'empereur. » Or il se trouva que dans la Haute-Alsace plusieurs conseillers refusèrent de réciter la formule et furent pour ce motif déclarés déchus de leur mandat. Une polémique très vive s'engagea dans la presse, et les organes de l'opposition eux-mêmes conseillèrent aux élus de ne pas s'arrêter à un scrupule qui eût rendu toute représentation populaire impossible.

A ce propos vous m'excuserez de devancer un peu les événements et de vous rapporter un souvenir personnel. Quand en 1897, je fus élu conseiller général à Colmar, je dus, moi aussi, prêter le serment de fidélité. Le lendemain, j'expliquai dans mon journal que le serment politique, parce qu'arraché par la contrainte, n'a qu'une valeur bien relative et que, quant au reste, j'étais bien décidé à travailler de toutes mes forces à la modification de la constitution et que, restant fidèle à mes convictions républicaines, je m'emploierais à transformer par tous les moyens légaux, la forme du gouvernement. Cela me valut une dénonciation en cour de Rome, et, comme conclusion, une bénédiction pontificale, sans le moindre blâme du Pape qui, en ce temps-là, s'appelait Léon XIII, bénédiction qui me fut transmise par le grand ami de la France qu'était le cardinal Rampolla.

Mais revenons en arrière. Précisément parce que le peuple alsacien-lorrain n'avait plus de chefs politiques et qu'il était complètement absorbé en ses regrets et ses espérances, dont l'intensité était encore constamment accrue par les mesures de rigueur des autorités allemandes, il se forma un état d'âme collectif que l'absence de toute lutte politique pouvait seule rendre possible.

Avec des fluctuations à peine sensibles cet état d'âme devait se prolonger jusque vers l'année 1887.

Une seule tentative de rapprochement avec l'Allemagne fut tentée pendant cette longue période de recueillement boudeur. Au début, MM. Klein et Schneegans avaient essayé timidement de créer un parti autonomiste. L'opinion publique n'était pas encore préparée à cette évolution. L'idée fut reprise plus tard par les Schlumberger, les Bulach et les Pétri. Les deux derniers réussirent même à se faire élire députés au Reichstag, et, quittant le groupe alsacien-lorrain, se firent recevoir comme « hôtes » dans le groupe conservateur et la fraction nationale-libérale. L'expérience fut d'ailleurs malheureuse, puisqu'en 1887, M. de Bulach fut battu à plate couture à Erstein-Molsheim par le Dr Siffermann, qui s'était présenté contre lui la veille même des élections, et M. Pétri par le socialiste Bebel auquel les Strasbourgeois voulaient marquer leur reconnaissance de ce qu'en 1871 il eût protesté publiquement contre l'annexion de l'Alsace-Lorraine.

Dès 1875, le gouvernement d'Alsace-Lorraine avait créé une sorte de parlement strasbourgeois, chargé du vote du budget et de la confection des lois particulières du pays. La constitution de 1879 avait élargi les pouvoirs de cette assemblée qui était devenue une véritable représentation populaire. Le régime électoral du Landesausschuss semblait devoir exclure toutes rivalités politiques. Ce n'est que bien plus tard que l'opposition parvint à forcer la porte du palais législatif de la place impériale. Jusqu'en 1900, le parlement de l'Alsace-Lorraine ne fut qu'une sorte de conseil général agrandi. Les députés faisaient de la politique d'affaires. Rarement les débats déviaient sur les questions irritantes du jour. Quand d'aventure cela se produisait, les secrétaires d'Etat qui s'appelaient von Hoffmann, Herzog et von Puttkamer, répondaient d'un ton rogue et autoritaire qui mettait rapidement fin à la discussion. La presse indépendante s'épuisait en ce temps-là en plaisanteries, sur ce qu'elle appelait le « régime des Notables. »

En effet, le parlement strasbourgeois se composait de braves gens très économes, très soucieux de la prospérité économique du pays, désireux d'obtenir à leurs compatriotes l'exercice de plus larges libertés individuelles ; mais également ennemis du bruit, peu préparés aux discussions ardentes de la vie poliblique et assez accessibles à ces faveurs gouvernementales qui sont la même monnaie avec laquelle les ministères payent les services qu'on leur rend.

Combien ils étaient fiers ces braves notables quand, par leurs démarches personnelles, ils avaient fait délivrer un permis de séjour à un Alsacien-Lorrain émigré, combien surtout leur joie était grande, quand un Français pouvait, grâce à eux, venir chasser dans les provinces annexées.

On ne saura jamais ce que ces malheureux permis de chasse nous ont valu d'humiliations ; car ce n'était pas seulement les propriétaires des chasses gardées qui les payaient de complaisances politiques, mais les invités eux-mêmes qui manquaient souvent de dignité en allant, au grand scandale de la population indigène, présenter leurs hommages à nos gouvernants.

Le régime des notables, sans encore nous gratifier de la lutte des partis, avait cependant exercé une action débilitante sur l'âme populaire, donnant à certains des nôtres ce goût pour la politique alimentaire, qui prépare les pires abdications.

Le maréchal de Manteuffel avait singulièrement favorisé certaines fusions dangereuses. Affable, prévenant, toujours disposé à faire le meilleur accueil aux demandes individuelles qui lui étaient présentées, il s'appliquait à se concilier les sympathies des députés et de la population indigène. Cela ne l'empêcha pas d'ailleurs de supprimer d'un trait de plume l'*Union*, l'*Odilienblatt*, et l'*Echo de Schilligheim*.

Sous son successeur, le prince de Hohenlohe-Schillingfurst, ancien ambassadeur allemand à Paris, la situation se modifia brusquement. Le Reichstag avait été dissout à la suite du rejet de la loi sur le septennat militaire. L'Alsace-Lorraine se réveilla protestataire.

Dans les 15 circonscriptions furent élus des candidats qui prenaient l'engagement de repousser les nouveaux crédits. Bismarck écuma de rage. Les mesures de répression les plus sauvages furent prises contre la population indigène.

Hohenlohe lui-même trouva qu'à Berlin on forçait la note de la rigueur. Dans ses mémoires nous trouvons en effet le passage suivant : « Il semble qu'à Berlin on veuille pousser les annexés au désespoir et à la révolte ouverte afin de pouvoir remplacer le pouvoir civil par la dictature militaire. »

Les remontrances du Statthalter n'empêchèrent pas le chancelier de prescrire les mesures les plus rigoureuses : procès en haute-trahison, suppression d'associations religieuses ou sportives, introduction du passeport, refus féroce de permis de séjour, surveillance étroite de la presse, expulsions. C'est de cette période de répression furieuse que M. Preiss parlait quand il disait au Reichstag, qu'en Alsace-Lorraine régnait la paix, mais « la paix des cimetières. »

Les élections de 1891 et de 1893 eurent de nouveau dans leur ensemble un caractère protestataire. Ces élections marquèrent cependant l'ouverture des luttes politiques. Pour la première fois les socialistes, parti d'importation allemande, puisqu'il avait dès lors accepté dans ses comités des agitateurs d'outre-Rhin, tentèrent de rompre l'union sacrée des Alsaciens-Lorrains. Leur entrée en scène, qui avait été marquée par une violente campagne anticléricale, obligea les catholiques à se grouper à leur tour dans la « Volkspartei » ou parti populaire qui devint bientôt la « Landespartei », ou parti national.

Ce dernier parti eut l'occasion de s'affirmer en 1896, quand le Reichstag ayant invalidé l'élection du Kreisdirector de Schlestadt M. Pochlmann, l'ancien maire de cette ville, M. Spiess, se présenta aux suffrages des électeurs comme candidat du parti catholique et fut élu, malgré une formidable pression gouvernementale, à une énorme majorité. A cette occasion, le parti libéral démocratique avait, lui aussi, donné signe de vie, bien qu'il ne fût pas encore régulièrement constitué.

C'est l'année suivante à Colmar que les démocrates, après avoir essayé de reconstituer l'ancien bloc alsacien-lorrain, se laissèrent entraîner par quelques anticléricaux de marque à se séparer ouvertement des catholiques. La création de leur « parti populaire » eut pour conséquence de pousser les libéraux de nuance gouvernementale à se constituer en groupe distinct. Quand vinrent les élections de 1898, tous les partis étaient armés de pied en cap et si, dans l'ensemble, l'opposition à l'Allemagne persécutrice restait le « Leitmotiv » de la lutte, celle-ci avait néanmoins dévié sur le terrain des oppositions de programmes et des rivalités personnelles.

Les immigrés se réjouirent bruyamment de cette évolution, dont ils devaient être les premiers à bénéficier au point de vue national. Leur isolement allait dorénavant prendre fin. Dès que les partis politiques furent constitués, des Allemands essayèrent en effet d'y pénétrer ; Oh ! discrètement, sournoisement, en sollicitant leur admission comme une grande faveur et en s'excusant de n'y avoir aucun titre. Une fois dans la place ils ne tardèrent pas à s'y montrer exigeants, hautains, arrogants. L'union des indigènes était dès lors compromise, le pacte sacré rompu, et le germanisme devait y trouver son compte.

Quand on examine la situation en Alsace-Lorraine il ne faut jamais oublier que les querelles confessionnelles y ont toujours joué un rôle considérable. La population est aux quatre cinquièmes catholique, mais la répartition géographique des groupements religieux rivaux crée des centres d'action très actifs, parce que très homogènes. A l'époque de la réforme, l'Alsace était morcelée en villes libres et en petites principautés. Nulle part la devise : *Cujus regio illius et religio* (le domaine embrasse la religion de son seigneur) ne trouva d'application plus rigoureuse. Les communes dépendant par exemple des châtelains de Ribeaupierre et de la maison de Wurtemberg passèrent en bloc à la réforme, tandis que les villages voisins restaient fidèles à la confession romaine.

A Strasbourg et à Colmar, les bourgeois se partagèrent en deux camps. La cathédrale de la première ville devint un temple protestant jusqu'à l'occupation de la ville par les troupes de Louis XIV. Le chapitre de Saint-Thomas, avec ses revenus considérables, appartient encore aujourd'hui au consistoire de la confession d'Augsbourg.

Or, ces vieilles rivalités n'ont pas été abolies par la Révolution et de nos jours encore, malgré la bonne volonté des hommes éclairés qui voudraient rétablir la paix confessionnelle sur le respect de toutes les convictions religieuses sincères, elles s'accusent souvent avec violence dans la vie publique. On m'excusera d'ajouter que pour bon nombre de pasteurs (pas pour tous, et il me suffira pour le prouver de citer le nom vénéré de tous de M. Gérold) l'empire allemand était le grand Etat évangélique, tandis que pour le clergé (je m'abstiendrai ici encore de toute généralisation) la Prusse protestante restait l'ennemie. Puisque je parle de problèmes religieux, je signalerai encore les tentatives répétées faites par le gouvernement strasbourgeois pour gagner la sympathie des catholiques en opposant la politique anticléricale des ministères français à la large tolérance dont, du moins en théorie, il s'appliquait à faire preuve en Alsace-Lorraine.

Ces constatations étaient nécessaires avant d'aborder l'étude des programmes des partis politiques qui, malheureusement, devaient mettre un terme à la belle entente de la première période.

Et puis il ne faut pas oublier, quand on aborde l'étude de la psychologie de l'annexé durant la seconde période de l'occupation allemande, que l'homme ne vit pas seulement de souvenirs, mais que les réalités de l'heure présente s'imposent à lui sous mille formes diverses. La tâche des premiers députés de l'Alsace-Lorraine avait été relativement facile. Leurs électeurs ne leur demandaient que de porter à Berlin l'expression de leurs revendications nationales. Plus tard le peuple s'aperçut que toutes les lois de l'empire avaient fatalement leur contre-coup sur les intérêts moraux et matériels du pays, et il exigea que ses représentants prissent une part active aux délibérations du Reichstag.

Le parlement d'Empire ne s'occupait-il pas de la presse, du droit d'association et de réunion, des lois sociales, des traités de commerce, de la liberté religieuse ? Le Landesausschuss n'établissait-il pas le budget de l'Alsace-Lorraine, ne s'occupait-il pas de la législation locale, du contrôle des fonctionnaires immigrés ? Or, du moment où les députés commençaient à délibérer sur toutes ces questions, les oppositions de programmes devaient fatalement s'accuser et c'est ainsi que, tout en gardant, vis-à-vis de l'Allemagne, le même sentiment d'hostilité, les partis procédèrent à leur organisation définitive, au risque de faire le jeu de l'adversaire commun.

Cela posé, examinons rapidement les groupements politiques, qui, durant les dernières années, se sont créés en Alsace-Lorraine.

Les socialistes, comme nous l'avons déjà vu, furent les premiers à se séparer du bloc national. Dans le principe leur agitation garda néanmoins un caractère nettement alsacien-lorrain. Leur grand chef était à cette époque un jeune Mulhousien, M. Bueb, orateur de grand talent qui entraînait les masses aux accents de son éloquence chaude et colorée.

Bueb ne tarda pas cependant à être violemment combattu dans son propre parti par les éléments immigrés, et sa vie privée ayant donné prise à ses adversaires, il fut bientôt remplacé dans sa direction par le Prussien Emmel, qui depuis lors a donné au gouvernement des gages nombreux de son loyalisme. Il serait trop long de rappeler ici tous les avatars du socialisme alsacien-lorrain et toutes les querelles intérieures qu'y déchaîna la rivalité entre indigènes et immigrés. Un seul fait fera éclater à tous les yeux l'emprise germanique sur le parti : des 11 députés que les socialistes comptaient à la seconde chambre de Strasbourg, en 1911, quatre étaient allemands de nationalité : Emmel originaire des provinces rhénanes, Fuchs, Saxon, Boekle et Schilling Badois. Sans doute les Peirotes, les Jean Martin et les Weil essayèrent de réagir contre l'envahissement des Teutons, mais ils n'arrivèrent jamais à paralyser l'action des étrangers, et quand la fraction socialiste fut appelée à donner un vice-président à la Chambre, ce fut Boekle qu'elle désigna pour cette fonction, affirmant ainsi que, pour elle, la question nationale avait passé définitivement à l'arrière-plan.

Je rappellerai encore que les socialistes déployèrent la plus grande activité, quand, il y a deux ans, on organisa en Alsace-Lorraine les grandes manifestations pacifistes qui, dans l'esprit de leurs auteurs, devaient entraîner le désintéressement définitif de la France, et qu'au congrès de Berne, tous les députés d'extrême-gauche des provinces annexées firent de la propagande pour le désarmement...

unilatéral des rivaux de l'Allemagne. Ces mêmes députés n'avaient-ils pas d'ailleurs adressé à cette époque à *l'Humanité* une lettre-manifeste collective dont la reproduction à cette heure permettrait de juger de toute l'étendue de leur abdication ?

Le parti libéral est assez difficile à définir. Son programme resta toujours flottant. Il se recrutait dans les milieux les plus divers. On y trouvait des fonctionnaires immigrés voisinant avec des industriels indigènes aux sentiments anti-allemands et entre ces deux extrêmes toute la gamme des opinions intermédiaires. Les libéraux étaient-ils réactionnaires ? Non, pas absolument, car l'âme alsacienne, telle que l'ont formée des siècles de régime démocratique, est naturellement éloignée de tout abus de l'autorité. Etaient-ils gouvernementaux ? Sous certains rapports oui ; bien que souvent l'esprit d'opposition s'accusât également chez eux. Ce qui les distinguait surtout des autres partis, c'était leur anticléricalisme mitigé. En effet ils n'étaient pas antireligieux, mais anticatholiques ; ils ne voulaient rien savoir par exemple de l'école neutre, mais entendaient doter l'Alsace-Lorraine de l'école mixte ou interconfessionnelle. Ils n'admettaient pas qu'on supprimât le budget des cultes, mais ils s'appliquaient à diminuer l'influence des curés pour augmenter celle des pasteurs.

Longtemps les libéraux furent les meilleurs soutiens des ministères strasbourgeois. Un des leurs, M. Pétri, était arrivé à occuper les fonctions importantes de sous-secrétaire d'Etat à la justice et aux cultes. Leur premier chef, le notaire Gœtz, devint directeur des contributions directes. L'ex-pasteur Wolf, auquel il céda la place à la tête du parti, fut longtemps l'homme-lige des fonctionnaires.

Le pasteur Hoffet, qui rédigea pendant plusieurs années la *Strassburger Zeitung*, avait le premier, lors d'une élection pour le conseil général à Strasbourg, donné le mot d'ordre : « plutôt rouge que noir ». C'est-à-dire : « Nous voterons pour un socialiste plutôt que pour un clérical », et ce mot d'ordre devait dorénavant rester celui du parti libéral dans toutes les élections.

Et pourtant l'heure sonna où les libéraux à leur tour furent combattus par l'élément immigré. Ce fut en 1911, qu'à l'occasion de la répartition des candidatures pour la chambre d'Alsace-Lorraine, les membres allemands de l'organisation posèrent des conditions tellement draconiennes que la scission s'opéra et que deux nouveaux partis surgirent : la *Vereinigung*, dans laquelle se groupèrent surtout les fonctionnaires immigrés, et le parti conservateur dont le médecin Hœffel, Alsacien d'origine, mais rallié de la première heure, prit la direction. Cela ne devait pas empêcher d'ailleurs les trois tronçons de se ressouder au moment des élections pour combattre avec le même entrain les candidats nationalistes.

On a souvent en Alsace-Lorraine, comparé les libéraux à des officiers sans soldats. De fait ils formaient une sorte d'élite sans grande action sur les foules. Jamais ils ne purent conquérir un seul mandat par leurs propres forces, et ce fut sur les béquilles du socialisme et de la démocratie qu'ils entrèrent, en bien petit nombre d'ailleurs, dans les parlements et dans les autres corps élus.

Les démocrates étaient plus agissants. M. Blumenthal fut longtemps leur grand chef. Ils formaient des groupes importants à Strasbourg, à Colmar, à Ste-Marie-aux-Mines, à Munster. Leur programme était celui des radicaux français. Pendant quelques années leur anticléricalisme militant leur valut l'appui des libéraux et des gouvernementaux qui, manquant d'orateurs populaires, étaient heureux de trouver en M. Blumenthal l'interprète de leurs rancunes. Grâce à eux le chef d'alors du parti démocratique devint successivement conseiller général, député au Reichstag et au Landesausschuss, maire de Colmar. Puis le moment vint où les Allemands trouvèrent qu'au point de vue national M. Blumenthal ne leur donnait pas assez de garanties..

Ils l'abandonnèrent brusquement, et le groupe démocratique se scinda comme le parti libéral. M. Blumenthal n'avait plus gardé qu'une poignée de fidèles à Colmar et dans les deux vallées voisines. Par contre, la section strasbourgeoise, avec ses nombreux immigrés, passa dans le camp gouvernemental.

C'est alors que M. Blumenthal, comprenant que toute action, même simplement parallèle, avec les germanisants, était impossible, reprit la vieille idée de l'union nécessaire et se rapprocha des catholiques qui avaient le mieux sauvegardé les traditions de la résistance au germanisme.

Comme je l'ai dit plus haut, c'est vers 1893 que les premières tentatives d'un groupement des catholiques eurent lieu. Malheureusement celui qui en avait pris l'initiative et avait essayé d'en accaparer la direction, le jeune riche, et actif chanoine Muller-Simonis, avait des sentiments germanophiles qu'il étala au grand jour en posant à Strasbourg sa candidature sous l'étiquette du centre allemand. L'organisation qui avait pris successivement les noms de *Volkspartei* et de *Landespartei*, mais qui avait été obligée de les abandonner pour éviter toute confusion avec les partis rivaux, après que ceux-ci eussent adopté les mêmes étiquettes, ne prit corps que le jour où M. Muller-Simonis s'effaça devant des hommes politiques moins compromis.

Le premier président du parti avait cependant réussi à introduire dans le groupement un certain nombre d'immigrés actifs et remuants qui faillirent en dénaturer l'action et réussirent à lui faire adopter le nom de centre alsacien-lorrain qui pouvait prêter à l'équivoque.

J'avais en 1891 publié une brochure : « *Irons-nous au centre ?* » pour combattre toute fusion avec le grand parti catholique allemand. Elle avait trouvé le meilleur accueil dans les milieux indigènes et tout danger d'absorption semblait en ce temps-là écarté. Depuis lors, je dus constamment, avec l'appui de quelques collègues, m'opposer aux nouvelles entreprises des centristes allemands qu'aucun échec ne décourageait et qui, bien qu'en infime minorité dans le parti, ne cessaient de renouer leurs intrigues pour arriver à la fusion. Le professeur Martin Spahn devait d'ailleurs dans cette lutte trouver dans les Alsaciens Burguburu, Vonderscheer et Eugène Muller, ce dernier professeur de théologie à l'université de Strasbourg, des alliés d'importance. Néanmoins, dans toutes les réunions de délégués, dès que la question de ralliement au centre se posait, nous obtenions toujours pour la repousser d'écrasantes majorités. Le bon sens populaire triompha ainsi de toutes les manœuvres sournoises d'adversaires pour qui le catholicisme devait être surtout un moyen efficace de germanisation. Même en janvier 1913, quand à la suite des conférences que j'avais données en Normandie et à Paris, toute la presse allemande m'accusa de haute trahison, et que les germanophiles du centre alsacien-lorrain pensèrent que le moment était venu de me réduire à l'impuissance, les délégués du parti refusèrent de m'expulser et me maintinrent ouvertement leur confiance. Si je signale cet incident, c'est uniquement pour montrer combien le centre alsacien-lorrain était dans son ensemble resté fidèle à la tradition française.

Le vieux clergé avait en effet, malgré les lois anticléricales de la République, gardé tout son attachement à l'ancienne patrie. Des défaillances ne s'accusaient que parmi les jeunes prêtres soumis à un entraînement méthodique à la faculté de théologie de l'Université de Strasbourg. Comme nous avions été bien inspirés en combattant la création de cette faculté! C'était durant les dernières années du pontificat de Léon XIII. Le gouvernement de Strasbourg, furieux de l'attitude oppositionnelle du clergé catholique, avait proposé de supprimer le grand séminaire comme établissement d'instruction cléricale. Le député du centre allemand, baron de Herting, qui depuis lors est devenu premier ministre en Bavière, fut chargé des négociations avec Rome. Comment arriva-t-il à obtenir du Pape que les séminaristes fussent contraints de suivre les cours de l'université, que la nomination des professeurs fût réservée à l'empereur avec un simple droit de veto de l'évêque et que l'ordinaire du diocèse renonçât au droit de désigner des répétiteurs au séminaire pour les matières enseignées à la faculté ? Nul ne saurait le dire. Par contre, nous savons que 90 0/0 des prêtres du diocèse protestèrent publiquement contre cette réglementation nouvelle de l'enseignement ecclésiastique dont le résultat ne devait pas tarder à se faire sentir dans les sentiments du jeune clergé, soumis par des professeurs allemands ou gagnés à l'Allemagne, à un méthodique entraînement. Qu'il me soit permis d'ajouter qu'au contact des fidèles, les anciens étudiants en théologie, devenus vicaires, perdaient souvent leurs sympathies pour l'Empire et venaient renforcer, d'abord timidement, puis avec plus de décision, les rangs des nationalistes.

Toujours est-il que des luttes longues et violentes furent nécessaires pour maintenir le centre alsacien-lorrain dans la tradition nationale. Les deux groupements de Strasbourg et de Metz, un moment même celui de Mulhouse, avaient été accaparés par les immigrés. Heureusement que toutes les autres organisations locales surent se préserver de cette contamination et que de la sorte le parti catholique resta le noyau le plus important de la résistance au germanisme envahissant.

Il me resterait encore à parler du groupe lorrain ; mais j'avoue que je suis quelque peu embarrassé pour le définir. Les Lorrains avaient toujours repoussé la discipline des partis, mais, tout en voulant se tenir ainsi en principe en dehors de la vie politique, ils n'en étaient pas moins amenés à prendre position dans les questions du jour. Etaient-ils conservateurs au sens le plus étroit du mot comme on l'a souvent prétendu ? Etaient-ils démocrates, comme ils l'affirmaient eux-mêmes ? Etaient-ils gouvernementaux comme l'assuraient les socialistes ? Je ne saurais trancher la question, car ils furent tout cela et encore autre chose à certaines heures. Il est vrai que leurs incertitudes s'expliquaient par l'absence d'un programme bien défini et par les diversités des intérêts qu'ils représentaient. Sur deux points cependant, ils ne varièrent jamais et ce fut leur grand mérite. Ils furent toujours d'ardents particularistes et des défenseurs convaincus de la liberté religieuse. Au parlement de Strasbourg, tous les autres partis sollicitaient leur appui ; rarement ils le refusèrent au centre alsacien-lorrain.

En 1910, fatigués de querelles oiseuses dont seul le gouvernement tirait avantage, quelques hommes politiques appartenant à tous les partis créèrent l'union nationale, parti qui devait rallier tous les indigènes dans la lutte contre le germanisme. Ce nouveau groupement dont M. Preiss, le député de Colmar, avait pris la direction, fut accueilli avec sympathie par la population, avec les plus expresses réserves par les organisations existantes, avec fureur par le ministère. Le centre observa vis-à-vis de lui une neutralité bienveillante. Les libéraux et les socialistes ne tardèrent pas à le combattre violemment. Lors des premières élections pour la chambre alsacienne-lorraine en 1911, gouvernementaux de toutes nuances et révolutionnaires d'extrême-gauche unirent leurs efforts contre les candidats de l'union nationale, que presque seuls les électeurs du centre soutinrent. Devant cette formidable coalition, MM. Preiss, Laugel, Helmer et Blumenthal succombèrent, et ce fut dans la presse allemande un long cri de joie quand leur échec fut connu.

Pour l'obtenir il avait cependant fallu que les fonctionnaires votassent à bulletin ouvert pour les candidats socialistes et que les prolétaires se fissent les plus ardents agitateurs des fabricants candidats. A noter cependant, et ce seul détail en dira plus long que tous les discours sur les sentiments réels du peuple, que le soir de la défaite de M. Preiss, les socialistes de Colmar, ayant voulu en manifester leur joie, s'en furent devant la maison du candidat battu et crièrent à tue-tête : « Vive la France ! » Faut-il ajouter que, pour mieux accabler les nationalistes, on avait fait venir de Paris l'agitateur Grumbach, le correspondant des journaux socialistes d'outre-Rhin, le même qui, quelques années plus tard, devait faire une si ardente propagande pour le congrès de Berne dans les couloirs du parlement strasbourgeois et qui se vanta publiquement en

Alsace-Lorraine d'avoir parlé à Paris dans plusieurs réunions organisées contre le rétablissement du service de 3 ans? Voilà les hommes avec lesquels fraternisaient le préfet de Colmar, et les chefs du pangermanisme.

La défaite de l'union nationale, obtenue grâce à cette formidable coalition, eut un grave inconvénient : au sein même des partis, elle renforça l'influence des germanophiles, qui jusqu'alors n'avaient agi que dans l'ombre, mais que leur succès inattendu avait rendu plus impertinents.

Et pourtant, à y regarder de bien près, si quelques chefs du parti nationaliste avaient mordu la poussière, leurs idées avaient triomphé, car les candidats de tous les partis leur avaient, pour les vaincre, emprunté tout leur programme. Jamais gouvernement ne fut critiqué, bafoué, renié aussi universellement que celui de l'Alsace-Lorraine au cours des élections de 1911 et de 1912. Même les candidats que soutenaient les feuilles ministérielles condamnaient la politique de MM. de Wedel, de Bulach et Mandel, et ceux-ci durent mettre toute leur influence au service de gens qui déclaraient ne rien vouloir leur devoir. Il n'en reste pas moins vrai que si 11 socialistes et 8 libéraux entrèrent à la Chambre, le gouvernement en portait la pleine responsabilité et que ce ne fut pas une singularité des moins étonnantes de cette consultation populaire, que de voir de hauts fonctionnaires allemands tenir humblement l'étrier à l'extrême-gauche.

Quelques mots encore de la presse d'Alsace-Lorraine. Celle-ci ne put prendre aucun développement jusqu'en 1902, époque à laquelle la dictature fut abolie. J'ai déjà mentionné la suppression de quelques journaux en 1887. A la liste de ces victimes de l'intolérance gouvernementale, je pourrais encore ajouter la *Colmarer Zeitung* et le *Mulhauser Volksblatt* qui moururent de mort violente en 1898.

Après l'annexion, le gouvernement avait maintenu en Alsace-Lorraine la législation française sur la presse de 1868, en dérogation avec la loi allemande qui était beaucoup plus libérale. Les tribunaux se chargèrent d'ailleurs d'appliquer cette législation avec une rigueur souvent excessive. Je suis payé pour le savoir. Malgré ces entraves la presse indépendante s'organisa fortement dès qu'elle eut la vie assurée. Son mérite était d'autant plus grand qu'elle trouvait dans les journaux d'arrondissements, feuilles subventionnées par les kreisdirections ou sous-préfectures, des concurrents redoutables. Citons quelques-uns des principaux organes de publicité en Alsace-Lorraine.

La *Strassburger Post*, journal gouvernemental pangermaniste, qui passait son temps à dénoncer les indigènes et à demander qu'on leur appliquât de nouvelles mesures de rigueur. Ce fut elle qui, en 1898, lança la phrase qui résume admirablement toute son action : *Oderint dum metuant* (qu'ils nous haïssent pourvu qu'ils nous craignent). Elle était soutenue dans cette lutte contre les vrais Alsaciens-Lorrains par la *Metzer Zeitung*, par la *Neue Mulhauser* et par le *Tageblatt* de Colmar.

Les journaux catholiques populaires les plus lus étaient l'*Elsaesser* de Strasbourg, la *Landes-Zeitung* de Mulhouse, le *Kurier* de Colmar, la *Volksstimme* de Metz, cette dernière germanophile.

Les libéraux-démocrates d'observance gouvernementale fondèrent la *Strassburger neue Zeitung*, un organe où un certain alsacianisme d'amateur servait de paravent aux germanisateurs hypocrites de l'aile droite du parti.

Par contre, la *Volkspartei* de Colmar, journal de M. Blumenthal, savait se tenir à l'écart de toute compromission avec les éléments allemands, et l'*Elsass Lothringer*, qui lui succéda, fut franchement nationaliste.

Quant à la presse de langue française, l'*Express* de Mulhouse, rédigé par un Suisse, se tenait en une réserve extrême ; le *Journal d'Alsace-Lorraine*, beaucoup plus francophile, groupait autour de lui une clientèle bourgeoise qui se refusait à tout embrigadement, mais ne pouvait pas renoncer à certains préjugés anticléricaux. Même nuance dans le *Messin*.

Le *Lorrain*, rédigé par le chanoine Collin, sut toujours défendre avec talent et avec énergie les revendications d'un nationalisme pondéré en même temps que les intérêts religieux des catholiques. Je ne dirai rien du *Journal de Colmar* et du *Nouvelliste d'Alsace-Lorraine*, que j'ai eu l'honneur de rédiger successivement pendant 21 ans.

Et maintenant quelles conclusions tirer

de ce long et pourtant incomplet exposé ? Un examen superficiel des faits que j'ai signalés pourrait vous porter, Mesdames et Messieurs, à supposer que la population d'Alsace-Lorraine, entraînée par la lutte de partis, avait oublié la douleur de l'annexion et commençait à prendre son parti de son exil.

Or à y regarder de bien près, toute cette agitation politique n'atteignait que des cercles très restreints. En temps ordinaire les réunions de comités ne groupaient que quelques professionnels peu nombreux. Quant au parlement de Strasbourg, il y régnait cette atmosphère spéciale, chargée des miasmes de l'intrigue, qu'on retrouve dans toutes les assemblées législatives. Le député perd fatalement le sens de la réalité dans ce milieu fermé, où tous les problèmes de la vie publique prennent les proportions menues de louches manœuvres de couloirs et de compromis douteux.

Au dehors, le peuple alsacien-lorrain, qui vivait au grand air, ne comprenait rien et ne voulait rien comprendre à ces rivalités mesquines. Pour lui, la politique se résumait toujours dans l'hostilité de l'indigène pour l'immigré et dans l'espoir tenace de pouvoir bientôt affranchir le pays de la domination prussienne.

Il lisait les journaux, il écoutait les discours des politiciens, mais il ne vibrait que quand dans la phrase écrite ou parlée, il trouvait l'écho de ses aspirations nationales, et ils le savaient bien ceux qui sollicitaient ses suffrages : car toujours, quand ils prenaient contact avec l'électeur, on retrouvait chez eux comme l'écho lointain de la protestation. Tous les partis, même aux heures des luttes les plus ardentes, croyaient devoir affirmer hautement leur nationalisme, c'est-à-dire leurs sympathies pour la France. Je pourrais vous citer tel candidat, qui plus tard se révéla férocement gouvernemental, et qui, lorsqu'il fit sa première campagne électorale, se laissa entraîner aux déclarations les plus compromettantes.

J'ai nommé M. le professeur Muller. Le président de la Chambre, M. le Dr Ricklin, agissait de même, M. Wolf, chef des libéraux, également. C'est donc que le peuple exigeait de ceux qui lui demandaient des mandats le reniement de la politique gouvernementale, comme l'affirmation de sa fidélité au culte du souvenir. Seuls les socialistes réussirent à faire triompher quelques candidats immigrés, tant dans les élections pour la chambre d'Alsace-Lorraine, que dans les élections pour le Reichstag.

Il y a là une indication précieuse. Dans son ensemble la population des provinces annexées est restée ce qu'elle était en 1871, et la France la retrouvera fidèle et dévouée, bien que mûrie par une longue et douloureuse épreuve. C'est cette population qui, à Noisseville et à Wissembourg, apportait ouvertement, à la barbe du vainqueur, ses hommages aux morts glorieux de l'année terrible. C'est elle qui s'apprête à acclamer les soldats qui la délivreront d'un joug odieux et détesté.

Je puis vous l'assurer, quand l'heure de la délivrance aura sonné, centristes et libéraux, démocrates, socialistes et Lorrains se jetteront avec le même enthousiasme dans les bras de la patrie française enfin retrouvée.

Quelques renégats regretteront peut-être l'Allemagne qui récompensa maigrement leurs services ; mais leur attitude embarrassée ne fera que mettre davantage en relief la joie débordante de la foule. Malgré tout l'Alsace-Lorraine est restée Française de cœur. Elle ne pouvait pas le dire, hier, mais demain elle l'affirmera avec toutes les énergies contenues de 44 années d'esclavage.

LA JEUNESSE
DES PROVINCES ANNEXÉES

Mesdames et Messieurs,
Mes chers Amis,

De quoi vous parlerais-je, sinon de l'Alsace-Lorraine, du pays qui, durant 44 ans, au milieu des plus dures épreuves, garda si fidèlement le souvenir de la France ?

Or, je m'étais demandé comment je pourrais le mieux vous faire comprendre et l'effort brutal que tentèrent les Allemands pour s'emparer de l'âme des Alsaciens-Lorrains et les causes profondes de la résistance que leur opposa notre population, surtout notre jeunesse.

Et c'est ainsi que j'ai eu l'idée de vous raconter une simple histoire, celle d'un petit Alsacien de Colmar, pour lequel j'avais une grande affection, et dont la mort tragique m'a profondément affligé.

Mais avant de vous faire ce récit, je voudrais vous dire ce que sont les Alsaciens.

Trop souvent on les confond avec les descendants des races germaniques. Rien n'est plus injustifié. Leur pays fut souvent le théâtre de luttes épiques. Depuis les temps les plus reculés, c'est toujours le long du Rhin que s'exerça la pression des peuplades barbares, qui essayaient d'envahir les riches plaines de la Gaule. Constamment submergée par les hordes étrangères, notre province connut de bien mauvais jours, et de nombreux étrangers vinrent s'y établir. Mais toujours la vieille souche celtique et gallo-romaine poussait de nouveaux rejetons qui étouffaient ces végétations parasites. Plus tard, ni les Kaiserlichs, ni les Suédois, qui ravagèrent l'Alsace, ne purent davantage effacer les caractères accusés de la race primitive.

Toujours le Rhin demeurait la limite naturelle entre la Gaule, devenue la France, et la Germanie, devenue le Saint-Empire, et le long du fleuve sacré, qui fut la grande artère de la civilisation latine dans l'antiquité et au moyen âge, les populations de la rive gauche restèrent constamment fidèles aux traditions de leurs ancêtres. Le phénomène n'était d'ailleurs nullement particulier à l'Alsace. Sur l'autre rive l'élément celtique resta de même prédominant. Entre l'Allemand du nord qui est un vrai Germain, aux yeux bleus et à la chevelure blonde, ou un slave germanisé, à la poitrine étroite et au crâne allongé, et l'Allemand du sud, petit, râblé, à l'esprit plus vif, au sentiment artistique plus développé, au naturel plus démocratique, il y a une différence notable.

Un demi-siècle de politique pangermaniste a été nécessaire pour faire perdre aux Celtes du sud, qui sont mâtinés de sang allemand, leur individualité bien accusée, et les transformer, superficiellement du moins, en de dignes disciples du Prussien brutal et accapareur.

L'Alsacien, surtout celui du Haut-Rhin, a su mieux sauvegarder ses traditions ancestrales. Si sa langue est un dialecte germanique, toutes ses affections vont à la civilisation gauloise et latine, dont il reçut dès les siècles les plus reculés l'ineffaçable empreinte.

Avant Charlemagne et sous les successeurs immédiats du grand empereur d'Occident, l'Alsace faisait partie de la Gaule. Plus tard les liens qui la rattachèrent au Saint-Empire furent toujours très lâches. Notre province était subdivisée en une foule de petites seigneuries, dont le souvenir est encore entretenu par les ruines de 300 châteaux qui couronnent les Vosges. Dans la plaine, 10 villes libres maintenaient dans leurs murs les plus pures traditions républicaines.

Entourées de hautes murailles, elles défendaient jalousement leur indépendance contre tous les châtelains des environs et même contre les entreprises de l'empereur. A peine consentaient-elles à payer une maigre redevance à la Diète de l'empire. Quant au reste, elles entendaient s'administrer elles-mêmes. Leur magistrat était élu, la justice était rendue par les bourgeois. A Colmar, par exemple, quand un criminel était pris sur le fait, on arrêtait les premiers citoyens qui passaient dans la rue. Ceux-ci se constituaient en tribunal, jugeaient le coupable et, une heure plus tard, le bourreau était invité à faire son office ; car nos ancêtres étaient d'honnêtes gens et ils ne connaissaient que la corde et le glaive pour maintenir les bonnes mœurs dans leur cité.

Les querelles se liquidaient avec une simplicité tout aussi patriarcale : « *Wehre dich, ich wehre mich,* » (défends-toi, je me défends), telle était la formule qui permettait à deux ennemis de tirer loyalement leurs armes et de vider leur différend en champ clos.

Si je vous donne ces détails, c'est simplement pour vous prouver que la tradition alsacienne a toujours été nettement démocratique. Nous avons dans le sang le gouvernement du peuple par le peuple et, tout en aimant l'ordre et l'harmonie dans les rapports entre concitoyens, nous sommes très éloignés de nous en rapporter, pour les maintenir, à une autorité irresponsable.

Quand les troupes de Louis XIV entrèrent en Alsace, elles y furent d'abord reçues avec quelque méfiance, bien que des hommes avisés les eussent appelées pour en finir avec les entreprises des Kaiserlichs. Colmar se défendit mollement. Les bourgeois avaient traîné sur les remparts une grosse pièce de canon que les artilleurs chargèrent jusqu'à la gueule. Le coup partit et fit sept victimes. La pièce avait sauté et tué ses servants ! Après cet exploit, Colmar se rendit et fut occupée par un escadron de cavalerie.

La France fut d'ailleurs très bienveillante pour les habitants de l'Alsace. Elle les laissa s'administrer eux-mêmes. Tous les droits et toutes les franchises du pays furent respectés jusqu'à la fin du XVIIIe siècle.

Pendant les guerres de la Révolution et du premier empire, les soldats alsaciens s'illustrèrent. Faut-il à ce propos rappeler les noms de Rapp, de Kellermann, de Kléber, de Lefèvre et de tant d'autres généraux illustres, qui conduisirent les armées françaises à la victoire ?

En ce temps-là, Napoléon, auprès duquel on se plaignait du mauvais accent des soldats alsaciens, disait : « Qu'importe ! ils parlent en allemand, mais ils sabrent en français. »

Dans chaque famille alsacienne on conserve encore pieusement les souvenirs de la Grande Armée. Couramment on entend nos paysans et nos ouvriers dire avec orgueil : « Mon arrière-grand-père était à Wagram, à Austerlitz, à Iéna. » Hélas ! depuis 44 ans, un autre refrain revient dans les conversations : « Mon père était

à Wissembourg, à Frœchviller, à Sedan. »
Et, dans les rues, on voit passer de nombreux
vieillards qui, à leur boutonnière, portent le
ruban noir et vert, symbole de leurs immortels regrets et de leurs tenaces espérances.

Voilà ce que je tenais à vous rappeler rapidement pour vous expliquer pourquoi entre
la population celto-gauloise de l'Alsace et
le Brandbourgeois, et le Poméranien, slave
germanisé, qui l'occupent depuis l'année terrible, un rapprochement durable n'était pas
possible.

Les deux races sont en effet diamétralement opposées de goûts et de tendances. Le
Prussien est discipliné, hautain vis-à-vis des
faibles, servile vis-à-vis des forts. Il ne connaît
que la puissance matérielle qui s'exerce par
tous les abus de pouvoir. Il n'a que le culte
de la brutalité. Apre au gain, amoureux des
honneurs, jouisseur vulgaire, il emploie le
mensonge et la duplicité pour asservir les
autres races et pour s'enrichir de leurs dépouilles.

L'Alsacien, au contraire, très individualiste,
quelque peu moqueur, toujours prêt à sacrifier ses intérêts matériels à un idéal, égale-

ment ennemi et de l'abus de la force et des basses flagorneries, a des mœurs simples, déteste le faste, n'a aucune compréhension pour les titres et les dignités, veut tout tenir de ses propres mérites. Il est libertaire au sens le plus élevé du mot, désireux également de faire respecter la loi et de sauvegarder toujours sa dignité de citoyen libre.

44 ans de servitude allemande n'ont pas fait disparaître ces caractères essentiels de la race. Je serais plutôt disposé à croire qu'ils les ont davantage accusés. Le contraste entre les mœurs et les procédés des occupants du pays d'un côté et les mœurs et les traditions de la population autochtone de l'autre, devait fatalement amener les indigènes à sauvegarder avec un soin chaque jour plus jaloux le dépôt de leur passé national.

Cela posé, j'en viens à mon authentique histoire.

Mon héros était un charmant enfant qui naquit à Colmar en 1892. Je l'appellerai, si vous le voulez bien, de son seul nom de baptême, Jean. Son père tenait un commerce important dans le quartier le plus populeux de la ville. Homme intelligent, intègre, modeste, il avait une haute culture intellectuelle et passait ses soirées en famille à lire à haute voix les dernières productions de la littérature française. La mère, femme d'élite, était la digne compagne de cet Alsacien de vieille souche.

La naissance de Jean coïncida avec la reprise de la politique de sauvage répression que les Allemands employaient pour la deuxième fois, afin de venir à bout des résistances de la population indigène. C'était l'époque où les ordonnances sur les enseignes françaises venaient d'être édictées, où le régime des passe-ports avait élevé autour de la province une barrière infranchissable, où tous les émigrants se voyaient impitoyablement refuser les permis de séjour, où les journaux indépendants étaient supprimés, où les hommes politiques appartenant au parti de la protestation étaient expulsés.

Jean grandit dans cette atmosphère de suspicion. Il se souvenait qu'à la maison on maudissait le vainqueur, mais à voix basse et derrière les portes bien closes. Souvent il me confia les impressions de sa première enfance. Devant lui les amis de son père ne se gênaient pas. Il était si petit et semblait prêter si peu d'attention aux propos des hôtes de sa famille !

Sa première aventure se produisit alors qu'il avait 4 ans. Il se trouvait dans le magasin de son père, quand un officier allemand y pénétra. L'officier s'approcha de l'enfant et lui tapota les joues. Or Jean s'était réfugié dans les jupes d'une vendeuse, et quand l'acheteur lui demanda : « Voyons, mon petit, je te fais donc bien peur ? » L'enfant répondit en éclatant en sanglots : « Je déteste les Prussiens ! »

Jean me raconta plus tard que son père l'avait grondé, d'ailleurs avec indulgence et avec un sourire involontaire aux coins des lèvres, mais que sa mère l'avait longuement embrassé et lui avait accordé le plus généreux pardon.

A 7 ans il fallut bien prendre le chemin de l'école. Jean y fit la connaissance du professeur allemand, personnage dur, hautain, toujours prêt à frapper. Le pauvre petit s'appliquait à donner satisfaction à son maître, il n'en obtenait que d'odieuses rebuffades. Le professeur de gymnase a, en effet, le langage grossier et insultant. Aux enfants qu'on lui confie il adresse les plus vulgaires injures.

J'avais un jour prié Jean de me collectionner les termes blessants dont son professeur accablait les petits Alsaciens de sa classe. A la fin de la semaine, il m'en apporta une liste de 28 : « singe, idiot, os de veau, canaille », et ainsi de suite. J'en profitai pour faire composer un article que je soumis, en épreuves d'imprimerie, au conseiller supérieur de l'instruction publique, qui me supplia de ne pas le publier, et qui me promit de déplacer, pour éviter tout scandale, le maître modèle.

Quels ne devaient pas être les sentiments des enfants que l'Allemagne livrait à des brutes pareilles ? Un autre professeur de Jean s'adonnait à un sport tout aussi répugnant. Devant les petits désarmés, il se moquait inlassablement de leurs parents : « Vos pères aiment la France, ce pays pourri et décadent, et pourtant ils parlent un français tellement fautif qu'on les montrerait du doigt s'ils allaient à Paris. Et vos mères ! elles copient les modes parisiennes ; mais elles gardent quand même la démarche pesante des Allemandes. Toute votre Kultur française est ridicule, stupide.

Vous êtes des Allemands bâtards. Jamais on ne vous traitera trop durement. »

En rentrant chez eux, les enfants rapportaient ces propos de leurs maîtres. Inutile de vous décrire les tempêtes de révolte que leurs récits déchaînaient dans les familles.

Et puis les professeurs allemands se montraient d'une partialité abominable. Aux fils des fonctionnaires immigrés, ils témoignaient toutes les attentions, tandis que toutes leurs sévérités étaient réservées aux petits Alsaciens. Quand Jean me donnait des exemples de cette criante injustice, je me refusais à y croire, tant ce qu'il me disait me semblait exagéré. Force me fut cependant d'admettre la vérité de ses récriminations quand, un jour, il me présenta son cahier de classe en même temps que celui d'un de ses condisciples, vieil-allemand, celui-là. Ce dernier avait copié, mot pour mot, le devoir de Jean. Or, mon petit ami avait un « mal », tandis que le fils de l'immigré s'était vu gratifier d'un « assez bien ».

Je devais d'ailleurs bientôt avoir une nouvelle preuve du mauvais vouloir, pour ne pas dire davantage, des professeurs allemands. L'un de ceux-ci était chargé des cours de français dans les classes moyennes. On l'avait choisi à dessein sans doute parmi ceux qui parlaient le plus mal cet idiome ; car là encore il y avait chez les autorités scolaires un parti-pris d'empêcher les jeunes Alsaciens d'apprendre convenablement la langue qu'avaient parlée leurs pères. Le professeur en question était originaire de Kœnigsberg. C'est lui qui, un jour, corrigeant une version où se trouvait la phrase : « *Das Heeer wurde zerstreut*», marqua une faute à tous les élèves qui avaient traduit : « L'armée a été dispersée. » A l'en croire il fallait mettre : « L'armée a été distraite. » Il forçait encore les enfants à prononcer « amicié, picié » parce que le *t* se mouille dans « nation. »

Jean parlait un français très pur. Or j'avais été surpris qu'en français il eût toujours des notes détestables. Je voulus en avoir le cœur net. Je priai donc Jean de m'apporter un de ses thèmes, et, m'appliquant avec le plus grand soin à serrer le texte allemand du plus près qu'il me fut possible, je fis une traduction que j'eus le tort de croire irréprochable. Le professeur de Kœnigsberg me colla un « très mal » dont je n'ai pas encore digéré l'humiliation.

Je racontai ma mésaventure dans une

séance de commission du parlement de Strasbourg. Le représentant du gouvernement, bien qu'il fût Prussien, se tira d'embarras par une gasconnade : « M. le député, me dit-il, ce n'a été là pour vous qu'une juste punition, puisque vous aviez, en violation des règlements, aidé un élève à faire un devoir dont il devait s'aquitter tout seul. »

Je vous cite ces faits pour bien vous prouver que Jean n'exagérait en rien quand il prétendait que les professeurs allemands cherchaient à décourager leurs élèves alsaciens.

Les maîtres n'étaient pas seuls à rendre la vie insupportable aux jeunes indigènes. Les condisciples de ces derniers, fils de fonctionnaires ou de commerçants immigrés, formaient un clan dans les cours, et souvent on échangeait avec eux des injures et des coups. Il suffisait que deux indigènes échangeassent quelques mots en français pour que la bataille se déchaînât : « *Franzosenkopf, Wackes !* » Ces insultes étaient d'un usage courant chez les jeunes Teutons.

La plus dure épreuve des élèves alsaciens était le cours d'histoire. On leur enseignait surtout les fastes de la Prusse. Toutes les fois que le professeur parlait de la France, c'était en termes méprisants, Louis XIV avait été un brigand, Napoléon Ier, un aventurier vulgaire. Et puis avec quelle joie triomphante le maître parlait des défaites de la France en 1815 et en 1870. Le nom de Sedan revenait toujours en fanfare dans ses exposés. L'incurie française, la lâcheté française étaient ses thèmes favoris, et, quand il les abordait, sa verve était intarissable. Par contre, il n'avait que des éloges pour la bonhomie allemande, le courage allemand, l'intelligence allemande ; car, pour le Germain, il est bien établi que toutes les vertus sont spécifiquement allemandes et que tous les autres peuples méritent les qualificatifs ou de barbares ou de dégénérés.

Hélas ! quand il rentrait chez lui, Jean entendait une autre antienne. Les amis de son père se plaignaient de la tyrannie des nouveaux maîtres de leur pays, ils racontaient les persécutions dont ils étaient l'objet : exclusion des fonctions publiques, avantages scandaleux assurés aux fournisseurs d'Outre-Rhin, refus de permis de séjour aux parents et amis de France, surveillance policière, procès de presse. Partout c'était la même plainte qui s'élevait des rangs de la foule asservie, et dans l'âme du jeune homme grandissait la haine, une haine farouche pour ceux qui continuaient à traiter l'Alsace-Lorraine comme un pays conquis. Décidément les indigènes des provinces annexées étaient et restaient des citoyens de seconde classe et jamais, sous le joug abhorré de l'Allemagne, ils n'arriveraient à obtenir, non pas un traitement de faveur, mais simplement le régime de l'égalité. On voulait faire d'eux des ilotes, des parias dans leur propre pays, où toute l'influence, toutes les richesses devaient être exclusivement réservées aux représentants grotesques et odieux de la race privilégiée, du peuple élu, auquel les pangermanistes ont promis l'empire du monde.

Et je vais vous en fournir une nouvelle preuve. Mon petit ami avait tant bien que mal atteint la classe de deuxième supérieure, ce qui lui donnait la qualification pour le volontariat. Il avait à cette époque 16 ans et passait pour un jeune homme studieux et appliqué. Or le directeur du lycée fit un jour venir son père, et lui tint le discours suivant :

— Monsieur, votre fils n'a pas d'aptitudes spéciales pour l'étude. D'ailleurs toutes les carrières administratives et libérales sont encombrées. Je ne vous cacherai pas, non plus, que les fils de fonctionnaires ont, par le fait de leurs origines et des protections dont tout naturellement ils jouissent, le pas sur les jeunes indigènes. Vous avez un commerce prospère. Pourquoi dès lors pousser votre enfant à des études qui ne le mèneraient à rien, tandis qu'en lui confiant votre affaire, vous assureriez bien mieux son avenir ?

Le père de Jean comprit. Néanmoins il permit à son fils de persévérer et se contenta de le changer de collège. Cette dernière précaution ne servit à rien, puisque l'année suivante le pauvre petit ne monta pas de classe. Il s'obstina quand même et, après avoir échoué à un premier examen, il obtient enfin à 20 ans son certificat de maturité, le baccalauréat classique allemand.

Jean voulait faire son droit à l'université de Strasbourg. Vers la fin des vacances, son père fut tout surpris de recevoir la visite de deux étudiants allemands abondamment balafrés, qui portaient la casquette plate, l'écharpe et la breloque de couleur, qu'on apelle *Bierzipkel*, des corporations universitaires.

Vous savez tous, Mesdames et Messieurs, que l'étudiant allemand se fait inscrire dans des associations bizarres, où tout est réglé suivant un rite archaïque. A heure fixe, les porteurs de couleurs se réunissent pour boire leurs chopes de bière du matin. Puis ils font en corps une promenade à pas lents et mesurés dans les rues de la ville, échangeant des saluts cérémonieux, en abaissant leur casquette sur la hanche d'un geste automatique. Le soir à la *Kneipe*, dans un local loué spécialement à cet effet, ils chantent et boivent sur commandement ; car en Allemagne les plaisirs eux-mêmes sont soumis à la plus rigide discipline. Il est de tradition que les étudiants doivent, pour prouver leur courage, se battre en duel. Ces rencontres sont d'ailleurs enfantines. La tête, les tempes, le cou, les bras des combattants sont matelassés, les yeux protégés par un treillis de fil de fer. On n'échange pas des coups de pointe, mais des coups de fouet, à l'aide d'une rapière dont le bout rond est seul aiguisé. Toutes les blessures sont donc faites sur les parties charnues de la figure, et ne présentent jamais aucun caractère de gravité. Les médecins qui soignent les éclopés, prennent néanmoins soin de mal coudre les plaies produites par les estafilades. Il faut que les cicatrices soient bien visibles. Plus la figure est couturée, plus l'étudiant est fier de porter les marques éclatantes de sa bravoure.

Il va sans dire que nos jeunes Alsaciens n'avaient aucun goût pour ces pratiques niaises et que, se séparant de leurs condisciples allemands, ils s'étaient groupés dans un « Cercle » qui plusieurs fois fut l'objet d'enquêtes sévères, et, en fin de compte, supprimé par les autorités académiques, après une perquisition minutieuse faite dans son local par la police strasbourgeoise.

Mais revenons aux deux délégués qui s'étaient rendus officiellement auprès du père de Jean.

— Monsieur, lui dirent-ils, nous venons vous prier de bien vouloir prescrire à votre fils d'entrer dans notre association. Vous savez que les jeunes Alsaciens sont suspectés, et non toujours sans raison, par les professeurs de l'Université. En devenant un des nôtres votre fils affirmera sa volonté d'être un bon Allemand. Notre « corps » compte parmi ses « anciens » les fonctionnaires les plus hauts placés. Votre fils jouira donc plus tard de protections efficaces. Il est de son intérêt de ne pas se singulariser comme ses camarades indigènes. Nous lui enseignerons d'ailleurs les bonnes manières allemandes, et plus tard, il nous sera reconnaissant des services appréciables que nous lui aurons rendus.

— Je n'ai pas d'ordre à donner à mon fils, répondit le père de Jean. Je vais l'appeler, il vous répondra lui-même.

Mon petit ami était de caractère très décidé. Il opposa un « non » très sec aux deux délégués, qui se retirèrent furieux et menaçants.

— Papa, dit Jean, après leur départ, ne crois-tu pas qu'il vaudrait mieux, pour faire oublier ce pénible incident, que je fasse de suite mon année de volontariat dans l'armée ?

— Peut-être.

De fait, en automne, Jean revêtait l'uniforme de chasseur à pied. Ce que fut pour lui cette année de caserne, je le sais mieux que tout autre, car le pauvre garçon, quand ses humiliations étaient trop lourdes à porter, venait me confier son désespoir. Pendant les premières semaines de son service militaire, il m'avait soigneusement évité :

— J'avais honte de me présenter devant vous sous « la livrée du roi, » me dit-il, quand enfin il vint me trouver. Ah ! si vous saviez quelles folles envies il me prend parfois de déserter et d'aller m'engager dans la légion étrangère.

— Garde-toi bien de partir, lui objectai-je. Les Allemands se vengeraient bassement sur ta famille. Et puis, chaque Alsacien-Lorrain qui s'en va fait place à un Allemand, et nous ne sommes déjà que trop infestés par cette vermine. Patiente, ton épreuve sera de courte durée, et si plus tard éclate la grande guerre, celle que nous ne souhaitons pas, mais que nous attendons quand même, eh bien ! il sera encore temps d'aviser.

La discipline était dure à la caserne. Jean ne tarda pas cependant à s'apercevoir qu'il y avait avec elle des accommodements. Les sous-officiers n'étaient pas indifférents aux cadeaux. Il leur en fit de nombreux et d'abondants, et dès lors il fut dispensé de toutes les corvées. Néanmoins il avait beaucoup à souffrir de la morgue de ses chefs qui traitaient leurs hommes comme des brutes. Il faillit un jour se révolter quand un jeune sous-lieutenant lui donna un coup de cravache pour rectifier la position qu'il avait prise sur commandement.

La fin de son année de service approchait, quand tout se gâta brusquement. Le colonel l'avait fait venir :

— Vous êtes un bon soldat, lui dit-il. Je suppose que vous allez vous présenter pour l'examen d'officier de réserve.

— Non, mon colonel, répondit Jean d'un air décidé.

— Et pourquoi ?

— Parce que je ne veux pas être astreint aux périodes d'instruction supplémentaires et que, redevenu civil, il me serait déplaisant de rester soumis à la juridiction des tribunaux d'honneur.

— Tous les mêmes, ces satanés Alsaciens. Eh bien ! on vous fera passer votre esprit d'opposition, soyez-en assurés. Je signalerai votre refus à qui de droit.

De fait, à partir de ce moment, la vie de Jean fut un enfer. Avec quelle satisfaction il déposa, après les grandes manœuvres, l'uniforme sur lequel on avait, quand même, cousu les larges galons d'or du sous-officier.

A l'Université, où il entra en 1912, il ne connut encore que des ennuis. Le « Cercle » avait été fermé. Les étudiants alsaciens se réunissaient à la Taverne où ils rencontraient quelques anciens avec lesquels ils s'entretenaient toujours du même sujet : l'insolence des Allemands et les passe-droits dont les indigènes étaient les victimes.

Jean prit part au monôme qu'annuellement les étudiants organisaient durant la nuit, autour du monument de Kléber. Cette cérémonie avait le don de mettre la presse allemande en rage et la police sur les dents. Deux à trois cents manifestants traversaient les rues silencieusement en marquant le pas. Puis, ils se groupaient autour du monument du général français, et le plus ancien prononçait la phrase traditionnelle : « Saluez Kléber, c'était un brave homme ! »

Cette année-là, on avait voulu interdire le monôme. Jean fut parmi ceux qui couchèrent au poste. Il en tira quelque gloire.

Cependant mon petit ami avait une préoccupation constante. A la caserne, il avait constaté avec quel soin se préparait la prochaine guerre. Pendant les grandes manœuvres, le général von Deimling, commandant du XVe corps, avait harangué ses troupes et parlé des « pantalons rouges » qu'il faudrait bientôt pourchasser dans les plaines de France. Le Reichstag venait de voter coup sur coup trois lois qui augmentaient d'un tiers les effectifs de paix. Les Alsaciens-Lorrains allaient-ils donc être surpris par les événements et contraints de se battre contre leur ancienne et si chère patrie ? Souvent Jean me posait anxieusement cette question, à laquelle je ne savais que répondre.

Or, ce qu'il redoutait par-dessus tout arriva. Mon pauvre ami se trouvait à Dresde quand brusquement la guerre éclata. Il fut incorporé dans un régiment saxon.

Par un de ses parents, qui a pu fuir en Suisse, j'ai obtenu les renseignements les plus circonstanciés sur les derniers jours de Jean.

Le malheureux enfant avait écrit à son père la lettre que voici :

« J'ai la mort dans l'âme et les plus noirs pressentiments m'assaillent. Nous partons demain pour la frontière. Tu connais mes sentiments et tu apprécieras ma douleur et ma honte. Sois tranquille d'ailleurs, je te jure que je ne tirerai pas sur les troupes françaises. Plutôt mourir que de m'exposer à d'éternels remords. »

Jean tint parole. Sa mort fut tragique. Un de ses camarades, Alsacien comme lui, se trouvait dans sa compagnie. Les deux jeunes gens échangeaient journellement leurs impressions. Au soir de la bataille de Charleroi, Jean pleura : « Allons-nous donc assister à la répétition de la guerre de 1870 ? » dit-il à son ami. Pendant la retraite précipitée de l'armée française il ne décolérait plus. A Châlons, la bataille s'engagea de nouveau. Jean se trouvait dans une tranchée de première ligne. Un lieutenant se tenait à ses côtés :

— « Sergent, lui dit-il, votre tir est bien défectueux. Toutes vos balles vont s'enfoncer en terre à cent mètres devant nous. Prenez garde ! »

Jean, qui ne desserrait plus les dents, continua à tirer trop bas.

— « Je comprends, s'écria tout à coup

l'officier. Vous êtes tous des traîtres, vous autres, chiens d'Alsaciens. Il est temps de statuer un exemple. »

Et, tirant son revolver, il abattit Jean d'une balle à la tête. Mon pauvre ami tomba comme une masse, tandis que le lieutenant disait à ses hommes :

— Voilà comment meurent les amis des Français !

Quelques jours plus tard, le père de Jean recevait du front la lettre émouvante dont je vais vous donner lecture :

« Monsieur, votre fils est mort de son amour pour la France. Grièvement atteint par la balle d'un officier qui l'accusait d'épargner les Français, contre lesquels nous combattions, il a survécu quelques heures à peine à sa blessure. C'est dans mes bras qu'il a rendu son dernier soupir après avoir reçu pieusement les secours de la religion. Avant de fermer les yeux il m'a chargé d'une mission auprès de vous. « Tu écriras à mon père, m'a-t-il dit, que j'ai tenu fidèlement mon engagement. Pas une goutte de sang français n'a taché mes mains. J'ai eu la joie, avant de mourir, de voir l'armée française se ressaisir. » Un instant il se recueillit, puis un sourire glissa sur ses lèvres, et, réunissant ses dernières forces, il s'écria : « Vive la France ! »

Voilà l'histoire authentique de mon ami Jean. Je n'y ai rien ajouté, je n'en ai rien retranché. Et il m'a semblé qu'à vous la raconter sans presqu'aucun commentaire je vous faisais mieux pénétrer dans la pensée de nos jeunes générations alsaciennes-lorraines.

Souvent, nous autres, qui avions connu les âpres luttes de la période protestataire et l'affaissement qui s'était ensuite produit à l'époque de la dure répression qui s'étendit de 1887 à 1898, nous étions tout surpris de l'ardeur des sentiments anti-germaniques de la jeunesse. Durant les dernières années, les recrues de nos luttes patriotiques avaient pris une attitude tellement provocante que nous nous appliquions parfois à modérer leur zèle inconsidéré.

L'explication de ce singulier phénomène est d'ailleurs facile à fournir. Ayant passé par l'école allemande et par la caserne allemande, nos jeunes gens connaissaient mieux que nous la mentalité de nos maîtres. Leur haine s'en était accrue et, par contre-coup, ils se sentaient portés de tous les généreux enthousiasmes de leur âge vers l'ancienne patrie, vers cette patrie dont leurs pères leur avaient dit qu'elle était celle de la bonté, de la générosité, de la vraie civilisation.

Les événements auxquels nous assistons ont donné raison à ces braves petits cœurs. L'Allemagne, que nous savions déjà hautaine et dédaigneuse du droit, s'est révélée cruelle, barbare, menteuse. En face d'elle Jean se dresse comme la personnification de l'Alsace-Lorraine, fidèle à ses souvenirs et à ses espérances, de cette Alsace-Lorraine qui, pendant plus d'un demi-siècle, sut rester elle-même, et attendit patiemment la revanche du Droit.

Dieu me garde de rien exagérer ou de m'abandonner à des généralisations trompeuses. Je vous ai présenté le type du jeune Alsacien-Lorrain fidèle au souvenir de l'ancienne patrie. Avec des variantes inévitables, dans les différents milieux sociaux où il a grandi, ce type représente l'écrasante majorité des générations nouvelles.

Il n'en est pas moins vrai, qu'à côté de lui

nous trouvions également, à de rares exemplaires, celui de l'arriviste qui, par des concessions dégradantes, cherchait à s'assurer les faveurs du pouvoir.

L'arriviste est toujours un personnage répugnant. Mais quand nous découvrons ses honteux calculs chez un jeune homme, il nous semble doublement odieux.

Heureusement que les germanisateurs des provinces payaient fort mal les capitulations de conscience. Pour eux l'indigène, même quand il affectait des sentiments allemands, restait suspect. Et puis ils redoutaient sa concurrence, toutes les grasses prébendes de l'administration devaient, à leur avis, être réservées comme des fiefs de famille à leurs héritiers.

Aussi n'était-il point rare de voir les jeunes ralliés nous revenir, l'oreille basse et le cœur contrit, après quelques inutiles tentatives de pénétration dans la citadelle germanique. Nous les recevions avec méfiance, mais satisfaits quand même de constater combien notre politique de réserve et d'attente était justifiée.

Cette politique trouve aujourd'hui sa récompense dans le retour de l'Alsace-Lorraine à la France. Quels remords ne seraient pas les nôtres si nous avions désespéré des destinées de la patrie et accepté en toute résignation le joug de l'Allemagne ?

Les races énergiques et conscientes de leur dignité sont immortelles. Après quelques semaines de douloureuses angoisses, nous assistons avec ivresse à la résurrection tant attendue. Et là-bas, dans les plaines de nos deux provinces si éprouvées, tout un peuple attend avec une impatience, que tempère seule la certitude de la délivrance prochaine, l'arrivée des armées victorieuses de la République.

Ah ! qui pourra jamais faire comprendre aux Français qui n'ont pas subi les humiliations de la domination allemande, tout ce que nos compatriotes ont eu à souffrir sous le joug germanique ? Qui pourra expliquer ce que fut pour eux la plus douloureuse de toutes les tortures, quand d'anciens combattants de 1870 durent voir leurs fils et leurs petits-enfants enrégimentés de force dans les troupes qui allaient combattre la France ? Qui pourra décrire l'agonie morale de ces jeunes hommes condamnés à se battre contre leurs frères de race sous le drapeau abhorré ?

L'Alsace-Lorraine traverse en ce moment les heures les plus sombres de son histoire. Quand elle sera revenue prendre sa place au foyer de la famille française, souvenez-vous de son long martyre, pansez ses plaies saignantes et aimez-la de tout votre cœur. Elle le mérite bien : c'est uniquement pour n'avoir pas voulu oublier la France qu'elle a tant souffert.

LA FEMME ALSACIENNE-LORRAINE

Mesdames, Messieurs,

Le rôle des hommes dans la vie publique est généralement peu reluisant. Nous sommes un peu égoïstes et nous abusons de notre force physique pour nous attribuer exclusivement la grosse part des gestes héroïques au lieu d'essayer de la partager avec celles qui souvent nous les inspirent.

Les féministes ont tort, à mon avis, de vouloir renverser l'ordre établi en intervertissant la mission assignée par la nature elle-même à chaque sexe. Ils ont raison quand, appréciant à leur juste valeur les hautes qualités intellectuelles et morales de la femme, ils essayent de faire à celle-ci une place plus large dans notre organisation sociale et de lui accorder des privilèges qui sanctionneront, entre les deux moitiés de l'humanité, l'égalité des droits, comme celle des responsabilités.

Les hommes qui veulent être sincères avoueront toujours qu'ils doivent ce qu'il y a de meilleur en eux à l'amour vigilant et éclairé de leurs mères. Pour l'enfant, le père reste toujours un peu lointain, il ne l'entrevoit qu'à l'heure des repas. L'affection paternelle est moins tendre, moins prévenante, moins soucieuse du détail. Souvent elle se montre sévère, presque toujours distraite. Le souci des affaires poursuit l'homme jusque dans le calme du foyer.

La mère, elle, ne vit que pour les êtres tendrement chéris qui l'entourent. Elle les couve de sa tendresse attentive. Elle sait consoler, soutenir, encourager. Même quand elle croit devoir recourir à la réprimande ou à la punition, elle y met tant de ménagements et de douceur qu'il semble qu'elle soit la première à en souffrir, et elle souffre vraiment d'être obligée de montrer de la rigueur quand elle désire si ardemment ne prodiguer que des caresses.

Qui d'entre nous ne pourrait raconter mille traits de cette affection dont la délicatesse a eu sur sa vie entière les plus heureuses répercussions? Si nos pensées, si nos sentiments germent plus tard en abondantes moissons d'honneur et de dévouement, n'est-ce pas presque toujours parce qu'une mère adorée a jeté dans nos âmes l'abondante semence de son amour que rien ne décourageait?

La femme est encore la gardienne des traditions nationales. Elle ne gaspille pas ce précieux dépôt dans les combinaisons savantes, mais aussi corrosives, de la vie publique. Son foyer est un domaine inviolable, où aucun étranger n'introduira de nouveaux usages, elle y maintient la langue, les mœurs, les pratiques des ancêtres. Ce n'est pas dans les établissements publics qu'il faut, quand on voyage, vouloir surprendre l'âme d'un peuple. On ne la retrouve intacte, vierge, s'il m'est permis de m'exprimer ainsi, que derrière les portes closes de la famille.

Là, point de ces concessions dangereuses que nous sommes contraints de faire dans la lutte des partis ; là, aucune de ces attitudes mensongères que nous imposent nos relations extérieures. Tout devient sincère, limpide, profondément vrai. L'homme enlève son masque, les enfants ne font plus aucun mystère de leurs désirs et de leurs aspirations. L'épouse, la mère devient la confidente naturelle, le guide respecté, celle qui, parlant au nom de la race, rappelle à chacun son devoir, le devoir tracé par les générations qui ont disparu, mais dont elle a recueilli avec piété les enseignements.

Peut-être était-il utile de vous rappeler ces vérités générales, avant de vous parler de ces femmes admirables qui, en Alsace-Lorraine, surent, pendant les 44 ans d'exil, maintenir dans nos âmes le feu sacré du patriotisme.

L'annexion fut pour nos populations une épouvantable épreuve. Il faut avoir vécu les jours agités qui suivirent la douloureuse séparation, pour se rendre compte des déchirements qu'elle provoqua dans nos familles.

Ce fut d'abord l'exode en masse, le départ précipité de 200.000 Alsaciens-Lorrains qui, plutôt que de subir le joug odieux du vainqueur, abandonnèrent leurs foyers, leurs biens, leurs situations acquises pour se créer une nouvelle existence dans les territoires que les Allemands avaient respectés.

Cette fuite en masse fut-elle sage? On l'a souvent contesté, car chaque Alsacien-Lorrain qui s'en allait faisait place à un Allemand. Et pourtant, combien excusables ils étaient les exilés volontaires qui ne pouvaient supporter la vue de leur pays gémissant sous la botte du tyran.

Chez les émigrants, nous allons d'ailleurs de suite pouvoir constater combien important est et reste le rôle de la femme. Que de fois il m'est arrivé de m'asseoir à la table d'une de ces familles de déracinés. J'y ai toujours été agréablement surpris d'y retrouver comme un coin perdu de la petite patrie absente. La disposition des meubles, l'ornementation des murs, le menu, les usages, le langage savoureux, tout me rappelait l'Alsace ou la Lorraine. Et la conversation ne roulait que sur des sujets familiers, sur les parents et les amis restés là-bas, sur les paysages connus, sur les traditions locales, le tout émaillé de ces historiettes, de ces traits d'esprit du terroir qui faisaient revivre, saisissante, l'image des provinces annexées.

La voilà bien l'influence de la femme qui, même lorsqu'elle est transplantée dans un milieu nouveau, n'oublie jamais son pays d'origine, sa race, ses ancêtres, et qui transmet, comme le plus précieux dépôt, à ses enfants le culte du passé.

C'est surtout en Alsace-Lorraine que nos mères ont su sauvegarder nos traditions. Vous n'en serez nullement surpris ; mais vous ne sauriez deviner à quel point leur action fut soutenue, à quel point aussi heureuse.

Les Allemands le savaient fort bien, et ils en marquaient leur déplaisir avec leur grossièreté native. Il y a quelques années parut dans le *Strasburger Post*, l'organe pangermaniste par excellence des provinces annexées, une série d'articles sur le « germanisme et le francisisme (*sic*) en Alsace-Lorraine » que l'auteur, l'avocat Ruland, de Colmar, réunit ensuite en volume. On y trouvait le plus formidable réquisitoire contre la femme alsacienne-lorraine que le Teuton accusait d'être le principal obstacle à la germanisation. Il le faisait pesamment, en accumulant les épithètes blessantes, comme le rustre qui insulte la beauté, parce qu'il ne peut y atteindre.

Ruland avait d'ailleurs pleinement raison. Si l'Alsace-Lorraine est restée française, si les dernières générations, celles qui n'avaient plus connu l'ancienne patrie, ont continué néanmoins à l'aimer, c'est à la femme que nous en sommes redevables.

Nous étions bien obligés, nous autres qui vivions au dehors, d'entretenir des relations d'affaires avec les Allemands. Le commerçant ne pouvait pas, sans s'exposer à des pertes sérieuses, négliger la clientèle immigrée. L'homme politique devait nécessairement négocier avec les représentants du gouvernement. Maires de petites communes, petits fonctionnaires indigènes étaient en contact constant avec l'administration. Dans les cafés et les restaurants il n'était pas toujours possible d'éviter des voisinages désagréables. La lutte des partis provoquait des rapprochements momentanés, qui auraient pu à la longue devenir durables.

Heureusement que le foyer familial demeura toujours inviolé. La femme alsacienne-lorraine n'admettait pas l'Allemand dans son intimité. Elle avait élevé d'instinct une barrière infranchissable entre le vainqueur, qui étalait librement sa morgue dans les rues, et l'asile sacré où le vaincu venait retremper ses énergies.

Il avait fallu pour cela renoncer à ces mille agréments de la vie, qui ailleurs rompent la monotomie des longues journées. Pas de réceptions, pas de réjouissances, pas de soirées passées au théâtre, pas d'aimables sauteries. Pendant des années, la femme alsacienne-lorraine mena une vie presque claustrale. Quand elle y renonça en partie, ce ne fut qu'à la condition que, dans la distraction extérieure comme dans la réserve absolue, la séparation fût complète entre l'immigré et l'indigène.

Elle n'allait au théâtre que quand on y jouait des pièces françaises, au bal, que quand les familles indigènes seules y étaient invitées, en excursion qu'entre nationaux. Et partout elle s'appliquait à parler ostensiblement le français, à s'habiller d'après les modes parisiennes, à bien marquer par toute son attitude extérieure qu'elle n'avait rien de commun avec les peu gracieuses représentantes du germanisme officiel.

Dans les derniers temps, on avait essayé d'opérer une fusion en faisant appel au bon cœur de la femme. Sous prétexte d'organiser des œuvres de bienfaisance, Alsaciennes-Lorraines et Allemandes devaient être invitées à se rapprocher. La tentative ne donna que des résultats médiocres. La collaboration s'arrêta en effet aux limites du strict nécessaire, les relations personnelles ne purent pas s'établir.

Et comment en aurait-il été autrement? La femme allemande a des mœurs diamétralement opposées à celles de nos mères et de nos sœurs. Elle n'a pas su d'abord se préserver de cet esprit d'orgueil, de cette folie collective qui a exercé de si regrettables ravages dans le peuple allemand. Arrivée sur le tard à une civilisation extérieure, que ses devancières ignoraient, elle a des manières guindées, dont l'affectation provoque ou l'indignation ou le sourire. Ajouterai-je, le détail en vaut la peine, qu'elle ne sait pas s'habiller ?

Trop longtemps nous avions cru à la légende de la Gretchen allemande, petite dinde candide dans ses premières années, fiancée mélancolique plus tard, enfin ménagère modèle et mère Gigogne admirable. La réalité, telle que nous l'avons vue, ne correspond nullement à ce portrait trop flatteur.

Le *Backfisch* allemand, jeune fille bébête, mais délurée, adopte généralement un genre de vie facile, dont nos familles bourgeoises, aux mœurs plus rigides, se scandalisent profondément, mœurs américaines sans la respectabilité qui est la sauvegarde des Anglo-Saxons. Entre élèves des écoles de garçons et bambines des écoles supérieures de filles, s'établissent ouvertement de petites intrigues, dont les parents ne s'alarment en aucune manière. Les interminables fiançailles autorisent des privautés, qui pour n'être pas toujours compromettantes, n'en provoquent pas moins chez les étrangers une profonde surprise.

Mariée, la femme allemande ne renonce pas à une grande liberté d'allures. Elle reçoit ses amies à d'interminables *Kafeekraenzchen* (cercles de café) où on passe presque tous les après-midis à grignotter des pâtisseries et... la réputation du prochain. Le soir, Madame accompagne Monsieur à la brasserie, au concert, au théâtre, abandonnant Bébé à des soins mercenaires. Le ménage est mal tenu, parce que la maîtresse de maison le néglige. Quand vient le dimanche, toute la nichée part en excursion. Les enfants s'élèvent comme ils le peuvent. On ne leur enseigne en tout cas pas l'économie, car la femme allemande est très dépensière.

Détail curieux, et qui, pour beaucoup d'entre vous, sera révélateur. La bonne allemande a la permission de minuit. Elle ne consent à s'engager qu'à la condition d'avoir la clef de la maison. Comme, généralement, ses maîtres vont dîner au restaurant, on lui donne, en sus de ses gages, 30 pfennigs par jour pour son souper. Seules les bonnes d'enfants restent à domicile pour surveiller les petits en bas âge.

La femme alsacienne-lorraine est toute différente, est-il bien nécessaire de le souligner? Elevée par une mère attentive, elle n'a connu, dans ses jeunes années, que les joies de la famille. Son éducation est soignée. De bonne heure, elle apprend à diriger un ménage. Elle a l'orgueil de ses belles armoires où le linge s'an asse en piles savantes, l'orgueil aussi de la table abondamment et délicatement servie. Habile dans tous les travaux manuels, elle cultive encore son esprit par la lecture, et sa conversation est aussi agréable que son abord est simple et modeste.

Plus tard, quand elle a fondé elle-même un foyer, elle se consacre toute entière à son mari et à ses enfants. Tout en sachant tenir son rang et se montrer accueillante aux malheureux, elle sait ménager les ressources de la famille et préparer aux siens une douce aisance. Les domestiques font partie de la famille, à la condition d'en accepter la discipline. Il n'est pas rare de trouver parmi eux des servantes qui ont passé toute leur vie au service des mêmes maîtres.

L'Alsacien est de caractère très démocratique et travaille durement pour arriver à la richesse ; mais il n'oublie jamais ses modestes origines. Aucune barrière sociale ne s'élève entre le patron et l'ouvrier, entre le maître et le serviteur. On est de la même race, on parle la même langue. L'un a eu plus de chance que l'autre, voilà tout ; mais ce n'est pas une raison pour se mépriser ou se jalouser.

Même cordialité chez la femme, qui rarement essaye de s'élever au-dessus du milieu où elle a trouvé le respect de tous et le bonheur.

L'antithèse est donc complète entre l'Allemande et l'Alsacienne-Lorraine. Aucun point de rapprochement entre elles. Un monde les sépare. Elles ont deux mentalités différentes qui les éloignent d'instinct l'une de l'autre.

Les immigrés s'irritaient de l'ostracisme dont ils étaient frappés. Ils auraient tant désiré pouvoir s'introduire dans nos familles, pour y implanter leurs usages et y contracter des unions avantageuses. Or, après 44 ans d'occupation du pays, on pourrait presque compter sur les cinq doigts de la main, les mariages entre Allemands et jeunes filles indigènes, du moins dans les familles bourgeoises.

Et pourtant, par suite de l'émigration qui ne s'est jamais complètement arrêtée, le nombre des jeunes épouseurs indigènes avait considérablement diminué, et le placement des jeunes filles devenait difficile. Combien n'avons-nous pas, dans les provinces annexées, de vieilles demoiselles qui, plutôt que d'accepter la main d'un assesseur allemand, ont renoncé spontanément aux joies de la maternité ! Par contre, qu'elles furent nombreuses les jeunes Alsaciennes qui cherchèrent et trouvèrent l'ami sûr, le compagnon aimé de leur vie, dans cette France qui restait la patrie de leur esprit et de leur cœur !

Nous autres, que les nécessités de la lutte retenaient dans les provinces annexées, nous éprouvions toujours une profonde tristesse, quand nous voyions ainsi notre pauvre pays se vider de beauté et de dévouement ; mais celles qui partaient avaient confiance dans l'avenir, et c'est avec le plus engageant des sourires qu'elles nous disaient : « Nous reviendrons. »

L'heure semble avoir sonné où cette prédicrion va se réaliser. Oui, elles reviendront au nid national, les jolies hirondelles qui l'avaient momentanément abandonné, et leur retour sera salué avec d'autant plus de joie qu'il correspondra forcément avec le départ des oiseaux de proie qui les avait remplacées et qui nous les faisaient regretter davantage.

Heureusement que toutes les promesses d'avenir n'avaient pas quitté l'Alsace-Lorraine. L'ancienne génération, celle des aïeules, était toujours là pour remplir ses récits des gloires du passé, de ce passé lointain qu'elles avaient connu, vécu, aimé, et dont elles entretenaient le culte dans les nouvelles générations.

Les mères agissaient de même. Que ne puis-je vous introduire dans une de ces familles modèles, où les vertus se pratiquaient simplement ; mais où elles se teintaient toutes, si j'ose dire, du plus pur patriotisme? La vertu s'enseigne en paroles, elle s'implante surtout dans les cœurs par l'exemple. Or, les exemples que nous citaient nos mères étaient tous empruntés à la tradition française. Elles ignoraient, les braves femmes, et elles voulaient continuer à ignorer, tout ce qui venait de l'autre côté du Rhin. Elles nous vantaient sans cesse le goût si sûr, l'art si délicat, la civilisation si humaine de la France et, malicieusement, elles s'appliquaient à l'opposer aux grossières imitations allemandes. Il y avait là un enseignement pratique de toutes les heures, et lentement, mais sûrement, s'infiltrait dans l'âme des petits la vénération amoureuse de la patrie perdue, le dédain pour les maîtres actuels de l'Alsace-Lorraine.

Devant les enfants, la mère recevait les confidences de son mari. Toujours prête à soutenir ses résistances, à blâmer ses faiblesses, elle prévenait les moindres fléchissements du caractère. Que d'hommes furent ainsi redevables à leurs compagnes d'avoir été préservés d'abdications dangereuses devant l'outrecuidance allemande ! D'instinct, la femme éloignait toute contamination de la famille qu'elle voulait franchement, nettement nationale.

La mère alsacienne-lorraine surveillait encore avec soin les relations de ses enfants. Dès qu'entre ceux-ci et des condisciples allemands s'établissait un rapprochement amical, elle était là pour s'opposer à toute camaraderie durable. Elle ne recevait pas chez elle les fils et les filles d'immigrés, elles défendait à ses enfants de pénétrer dans les familles allemandes. Et les motifs, pour un peu, j'aurais dit les prétextes, ne lui manquaient pas pour sans cesse relever la barrière qui s'ébréchait : elle ne voulait pas en effet que les mœurs germaniques fissent irruption dans sa maison.

Mais c'est surtout dans l'emploi continu de la langue française que s'exerçait l'action de la femme de notre petit pays. Les Allemands s'irritaient, ils se désespéraient de l'obstination que mettaient les Alsaciennes-Lorraines à ne se servir que de la langue officiellement proscrite.

Que de fois m'est revenu l'écho de l'exaspération des professeurs de collèges, qui disaient couramment à leurs élèves indigènes : « Jamais vous ne parlerez correctement l'allemand, car dans vos familles vous parlez *welsch*. » Et dans les journaux pangermanistes nous trouvions périodiquement les mêmes réquisitoires contre les mères, qui, systématiquement effaçaient dans l'âme de leurs enfants l'empreinte allemande.

Quand les soldats de France rentreront dans l'Alsace-Lorraine définitivement reconquise, qu'ils baisent respectueusement les mains de celles qui surent ainsi sauver, contre les entreprises du germanisme tyrannique et accapareur, le précieux dépôt de la civilisation latine.

Je ne vous ai parlé jusqu'ici que des classes plus aisées de la population de nos deux provinces, et je ne m'en étais fait aucun scrupule, car les pensées de la bourgeoisie sont toujours celles du peuple, surtout dans un pays où il n'y a pas de cloison étanche entre les différentes classes de la société.

Chez les femmes des paysans et des travailleurs nous trouvions et le même respect des traditions locales, et la même hostilité pour les mœurs d'importation. Nos ouvriers ne parlent pas français ou bien ils le parlent peu et mal ; mais ils mettent une certaine coquetterie à émailler le dialecte qu'ils emploient d'expressions françaises. Les Allemands n'ont jamais réussi à leur imposer l'emploi de leur langue officielle. Là également, la frontière linguistique est nettement tracée. La femme du peuple se moque de l'Allemande dont les travers extérieurs mettent son âme simple en joie. Sans doute, dans le milieu où elle évolue, il devient plus difficile de préserver la famille de fusions regrettables, mais un phénomène curieux s'est produit et chaque jour plus triomphalement accusé. Quand d'aventure des enfants d'ouvriers immigrés fréquentent régulièrement de petits indigènes, ce sont ces derniers qui leur communiquent leur esprit et leurs habitudes, et il n'est pas rare d'entendre ces jeunes Allemands manifester les mêmes sentiments antigermaniques que leurs camarades indigènes.

Laissez-moi à ce propos vous rapporter un souvenir personnel. J'utilisais, pour faire mes commissions, un bambin intelligent et débrouillard, qui, tous les matins, passait à la rédaction avant de se rendre à l'école. Il m'arriva un jour la boutonnière ornée d'une large cocarde aux couleurs alsaciennes-lorraines, rouge et blanc.

— Que signifie cet insigne? lui demandai-je.

— Oh! c'est toute une histoire, me répondit-il en souriant. Depuis quelques jours nous sommes en guerre ouverte entre Allemands et Alsaciens. On échange copieusement des coups en sortant de l'école, et je vous prie de croire que les *Schwobs* qui, eux, portent la cocarde allemande, sont régulièrement battus.

Or savez-vous qui était mon petit commissionnaire? Le fils d'un fonctionnaire allemand qui avait épousé une Alsacienne. Même dans cette famille mixte, la mère avait réussi à donner une âme indigène au fils de l'Allemand.

Voici une autre historiette. C'est M. de Koeller, ancien secrétaire d'Etat d'Alsace-Lorraine, qui l'a racontée lui-même dans un discours qu'il prononça il y a quatre ans à la Chambre prussienne des seigneurs.

« Je me promenais un jour dans cette partie des Hautes-Vosges, dit-il, où la langue française est encore couramment employée par la population. Ayant avisé un groupe d'enfants, je m'approchai d'eux pour leur demander où logeait le gendarme.

« Nous ne comprenons pas l'allemand, me répondit un des gamins.

« Je répétai ma question en français.

« Venez, monsieur, s'écrièrent joyeusement les petits, nous allons vous conduire chez lui, c'est notre père. »

Et de ce récit, M. de Koeller tirait la conclusion fort juste que la mère alsacienne avait su si bien s'emparer de l'âme de ses enfants, que ceux-ci ignoraient même la langue de leur père.

De ces anecdotes, je pourrais vous en conter à la douzaine et à la grosse. Elles prouveraient toutes que la femme a su noblement remplir son rôle dans les provinces annexées et que jamais nous ne saurons lui témoigner assez de reconnaissance pour les services qu'elle a rendus à la cause française.

Vous m'en voudriez si, avant de terminer, je ne vous parlais pas du martyre que subissent à l'heure présente les mère alsaciennes-lorraines.

J'en connais une dont le fils aîné émigra, il y a environ quinze ans, se fit recevoir à Saint-Cyr, et commande maintenant une compagnie d'infanterie dans les Vosges. Le second fils dut prendre la direction de l'affaire très importante que son père avait créée en Alsace. Il fit son volontariat d'un an dans son pays d'origine et il a été mobilisé dans un régiment du XVᵉ corps allemand. Les deux frères se battent l'un contre l'autre. Imaginez-vous, si vous le pouvez, la torture de celle qui les a couvés tous deux de la même affection.

Et ce cas n'est pas isolé. Dans presque toutes les familles alsaciennes-lorraines, des frères, des cousins, des amis se trouvent en présence les uns des autres sur les champs de bataille dont nos provinces sont l'enjeu. Les Allemands, il faut le reconnaître, ont, non point par bonté, mais par prudence et parce qu'ils se méfiaient de la fidélité des enfants de notre pays, envoyé dans la mesure du possible, les soldats alsaciens-lorrains sur le front oriental. En France, le ministre de la guerre a eu également pitié des engagés, originaires de notre pays, et il les a autorisés à demander leur renvoi dans les régiments qui se battent au Maroc ou qui font partie du corps expéditionnaire de Turquie. Nombreux sont cependant encore les Alsaciens-Lorrains qui se trouvent en présence les uns des autres sur la ligne de feu qui s'étend d'Ypres à Belfort, et il faudrait la plume de Shakespeare pour décrire leurs angoisses et surtout celles des mères, dont l'affection douloureuse les suit de loin dans les tranchées.

Eh bien, malgré tout, je suis sûr que les femmes alsaciennes-lorraines, même celles dont les fils se battent sous le pavillon abhoré de l'Allemagne, souhaitent ardemment le triomphe de la France. Elles souffrent doublement ; car leurs anxiétés se doublent d'une offense faite à leur pudeur patriotique. D'autres mères, celles d'Allemagne et de France, ont, dans leurs inquiétudes, la consolation de penser que le sang de leur sang servira, s'il est répandu, à cimenter la gloire de leur patrie. Elles sont obligées, au contraire, nos mères, de souhaiter que ce sang soit versé en pure perte et qu'aucun honneur ne soit rendu à leurs enfants, morts dans les rangs de l'ennemi.

Oh ! accordez largement votre pitié à ces pauvres femmes qui, comme Rachel, pourront dire : « Je ne veux pas être consolée, parce que mes fils ne sont plus. »

Malgré tout, l'Alsacienne-Lorraine reste debout et attend fièrement les revanches du droit violé. N'en soyons pas surpris. N'est-il pas tout naturel que la femme, avec son goût si sûr, et sa sensibilité si affinée, aille de toutes les aspirations de son cœur au pays qui fut toujours la patrie de la beauté et de la générosité ?

L'Allemagne altière, dure, ne respectant que la force, écrasant sans pitié la faiblesse, ne pouvait exercer aucune séduction sur le cœur de nos mères et de nos sœurs. Les mœurs allemandes, toujours grossières, même sous le vernis artificiel d'une culture de commande, devaient fatalement leur rester étrangères. Leur noblesse native les a donc sans peine préservées de toute contamination, et, quand bientôt elles pourront se jeter d'une étreinte éperdue dans les bras de la France, elles diront avec un légitime orgueil : « Tiens, prends-les, mes enfants, ils sont bien de ton sang, je te les donne, tels que tu les aurais trouvés, si 44 ans de servitude n'avaient pas passé sur nos têtes. »

LA SITUATION ÉCONOMIQUE DE L'ALSACE-LORRAINE

Mesdames, Messieurs,

L'Alsace et la Lorraine furent toujours des provinces riches, et parce que riches, convoitées par les pays voisins. Théâtre de guerres innombrables, leur sol s'est engraissé du sang des peuples les plus divers ; mais sans cesse sur les ruines qu'accumulaient les invasions renaissait l'ancienne civilisation celto-gauloise que les apports successifs de germanisme ne réussirent pas à faire disparaître ou même à transformer.

Dès les époques les plus reculées, nos provinces passaient pour être les plus prospères des bords du Rhin. Au moyen-âge, leurs chroniqueurs, leurs artistes et leurs artisans étaient célèbres. Quand la grande industrie, vers le milieu du siècle dernier transforma les moyens de fabrication, l'Alsace et la Lorraine occupèrent immédiatement le premier rang parmi les pays de production intensive.

La crise de 1871 devait, sembla-t-il un instant, porter un coup mortel à nos tissages et à nos filatures. Il n'en fut rien. Se remettant immédiatement à l'œuvre pour se créer un outillage nouveau adapté aux besoins d'une clientèle transformée, nos industriels surent, en peu d'années, conquérir le marché allemand tout en maintenant une partie notable de leurs exportations. On ne saurait trop admirer le merveilleux talent d'accommodation de la race énergique à laquelle ils appartenaient et qu'aucune épreuve n'arrivait à décourager.

Il ne sera pas inutile de rappeler à ce propos qu'au cours de l'année terrible, quand les projets annexionnistes de l'état-major allemand furent connus, les filateurs et les tisseurs d'Outre-Rhin firent auprès du prince de Bismarck une démarche pressante pour le prier de ne pas incorporer au nouvel empire le Haut-Rhin, dont ils redoutaient la concurrence industrielle. Il fut même un instant sérieusement question d'offrir le département français à la Confédération helvétique où il aurait formé un nouveau canton.

Peut-être était-il de quelque utilité de rappeler ce souvenir ; car dans les derniers mois, certains esprits chagrins ont, dans les Vosges, manifesté les mêmes appréhensions que les fabricants allemands de 1871. N'a-t-on pas à ce propos rappelé que la production, en matière textile, des fabriques d'Alsace-Lorraine représentait 25 pour 100 de la production totale de la France et que, dès lors, une crise de surproduction était à redouter?

En effet, si la France compte 7.400.000 broches, l'Alsace-Lorraine en a à elle seule 1.900.000. Les métiers à tisser français sont au nombre de 135.000. Ceux de l'Alsace-Lorraine se chiffrent par 45.000.

Il ne me vient pas à l'idée de discuter les théories des antiannexionnistes. L'intérêt national est supérieur à toutes les considérations particulières. Et puis il ne faut pas oublier qu'après une guerre, qui a malheureusement accumulé tant de ruines, il sera nécessaire de recourir pour les réparer à une fabrication intensive que le manque de main-d'œuvre suffisante entravera considérablement. Les traités de commerce qu'on imposera aux Etats allemands permettront d'ailleurs d'écouler sur l'ancien marché une partie des matières manufacturées et de préparer ainsi progressivement sur le marché français l'équilibre entre l'offre et la demande.

La population de l'Alsace-Lorraine a considérablement augmenté pendant les 44 dernières années. En 1877 elle était de 1.548.900 âmes En 1912, nos provinces comptaient 1.886.800 habitants. L'émigration, très forte durant les deux premières années qui suivirent l'annexion et qui, depuis lors, n'a cessé de nous appauvrir, nous avait enlevé environ 250.000 de nos compatriotes. Le chiffre des immigrés allemands est à peu près égal. Il reste donc, malgré ce chassé-croisé, une augmentation en chiffres ronds de 350.000 âmes, représentant un sixième de la population totale.

D'après le dernier recensement, 551.654 Alsaciens-Lorrains dont 294.051 femmes, sont agriculteurs, 730.952 (dont 222.931 femmes) employés dans l'industrie, 221.393 (dont 115.844 femmes) se livrent au commerce.

Notre agriculture est prospère. Nous ne connaissons pas cependant la grande propriété terrienne. Le morcellement, favorisé par le code civil, a pris des proportions quelque peu déroutantes. Sur une étendue de terres cultivées de 881.569 hectares, il n'y a pas moins de 244.988 exploitations agricoles, dont plus de la moitié sont d'une contenance de moins de 2 hectares.

La culture de la vigne, qui fut toujours en honneur en Alsace-Lorraine, avait pris, au cours des dernières années, une extension énorme. Avant l'invasion du phylloxéra, la superficie de notre vignoble dépassait 31.000 hectares. Elle est tombée depuis lors à 27.458 hectares.

La loi allemande, qui ne connaît pour combattre le fléau que le palliatif de l'extraction ou de l'arrachage des pieds contaminés avec interdiction de reconstitution sur replants américains, était très impopulaire chez nos viticulteurs qui envisageaient l'avenir avec appréhension. Seule une partie du vignoble de la Lorraine, séparée par une large zone du reste des vignes du pays, avait été affranchie de l'application rigoureuse de cette loi draconienne. Sous ce rapport, le retour de nos provinces à la France représentera de grands et sérieux avantages. A noter que la lutte inutile et sans espoir contre le phylloxéra a coûté à l'Alsace-Lorraine la somme de 5 millions de marcs.

Par contre, nos commerçants en vins redoutent la concurrence que feront à nos crûs ceux des provinces françaises du Midi. En effet, nos procédés de culture sont si coûteux, surtout depuis que la lutte contre les maladies cryptogamiques de la vigne exige des sulfatages et des soufrages nombreux, et les salaires des ouvriers de la campagne ont été haussés à tel point que nous ne pouvons pas vendre nos vins à moins de 40 ou 50 francs l'hectolitre. Il est vrai que ces vins ont un bouquet remarquable et que leur degré d'alcool est très élevé, ce qui permettrait toujours de leur trouver des acheteurs en nombre suffisant, si les Français consentaient à remplacer par nos bons crûs les vins falsifiés de la Moselle et du Rhin, qui ne les valent pas. Après la guerre, nous ferons un appel au patriotisme de nos compatriotes retrouvés. Leur estomac et leur bourse s'en trouveront bien, et rien ne viendra plus troubler la joie que nos viticulteurs éprouveront d'avoir repris leur place au foyer de la France.

La production moyenne de nos vignes est de 600.000 hectolitres, d'une valeur de 20 à 23 millions, le tiers de celle de tout l'empire allemand. Comme nous buvons 900.000 hectos, il n'y a pas à redouter de notre fait une crise de surproduction. Bien au contraire, nous serons d'excellents consommateurs. Encore sera-t-il nécessaire que des échanges également avantageux s'opèrent entre nos vins de qualité et les produits de prix plus abordable du Midi.

Les brasseries alsaciennes-lorraines produisent annuellement 1.274.000 hectolitres d'excellente bière.

27.254 distilleries, dont 3 seulement ont une production supérieure à 200 hectolitres, donnent 14.857 hectolitres d'alcool. Le régime auquel ces petites distilleries sont soumises pourrait servir de modèle à ceux qui poursuivent en France l'abolition du privilège des bouilleurs de crus. La loi allemande frappe d'un impôt de 80pf. (1 fr.) les 50 premiers litres d'alcool pur, par conséquent 110 litres d'eau-de-vie de commerce, que le distillateur tire de ses propres produits. Un droit supérieur de 1 m. 10 à 1 m. 14 est prélevé sur l'alcool qu'on tire des autres produits de l'exploitation agricole. Enfin, les distillateurs de profession, qui achètent leurs matières premières, payent un impôt de 1 m. 20. Les bouilleurs de crus ont donc un avantage sur le fabricant ; mais leur production est contrôlée et ils acquittent un droit raisonnable.

Au risque de vous lasser par des tables de chiffres, je me vois obligé, pour vous faire connaître les richesses agricoles de nos deux provinces, de vous donner encore quelques indications précises. Tous les genres de culture sont en honneur dans nos campagnes.

En 1913, les statistiques accusaient :
246.914 tonnes de blé.
81.801 tonnes de seigles.
105.621 tonnes d'orge.
178.321 tonnes d'avoine.
1.136.734 tonnes de pommes de terre.
206.819 tonnes de trèfle.
135.134 tonnes de luzerne.
918.482 tonnes de foin.

3.462 hectares de terre produisaient 6.688.600 kilogs de tabac. Avant 1870, la régie française tenait nos tabacs en très haute estime et il y a tout lieu de croire qu'elle ne mettra aucune entrave à cette culture très productive. Comme en Alsace-Lorraine la bière est, ainsi que nous l'avons vu, en grand honneur, il n'est pas surprenant que 3.462 hectares y soient réservés à la production du houblon.

Je ne citerai que pour mémoire le maïs, les pois, les lentilles, les haricots, les choux, le lin, le chanvre qui sont cultivés en grandes quantités. Dans le voisinage des grandes villes, la culture maraîchère réussit fort bien dans les terres lourdes, grasses et abondamment irriguées.

Une mention spéciale à la betterave sucrière dont la production a considérablement augmenté depuis qu'a été créée à Erstein une fabrique de sucre dont la production atteint le chiffre de 121.536 quintaux métriques.

Les prés occupent encore une partie notable de notre territoire et cela explique pourquoi notre cheptel accuse des chiffres respectables : 136.884 chevaux, 522.915 bêtes à cornes, 45.654 moutons, 436.765 cochons, 72.367 chèvres, 669.140 lapins, 149.306 oies, 84.178 canards, 2.668.962 coqs et poules

Il faut bien le reconnaître, l'administration allemande, qui en tout apporte le même esprit de méthode, avait su organiser puissamment notre agriculture. 645.000 arbres fruitiers avaient été plantés le long des routes par le service des ponts et chaussées. De plus, le service vétérinaire apportait le soin le plus méticuleux au choix des étalons et des taureaux reproducteurs. Des sommes considérables figuraient à notre budget pour l'amélioration des races, et des règlements sévères obligeaient les paysans à ne pas se livrer sur ce point à d'aventureuses expériences. L'examen des viandes, après abatage, était minutieusement prévu, même dans les communes rurales.

Nous avions une école d'agriculture très bien fréquentée. Dans 18 communes, des cours d'hiver avaient été organisés pour les adultes. Les écoles ménagères préparaient aux paysans aisés des compagnes entendues dans les soins de la ferme.

Tous les cultivateurs étaient inscrits dans nos 23 comices agricoles qui faisaient les achats en commun d'engrais et de machines, et qui distribuaient des diplômes et des primes aux meilleurs produits.

Dans 2 stations ou laboratoires d'essai, des chimistes et des professeurs d'agriculture procédaient à toutes les expériences utiles et faisaient pour les communes et pour les particuliers, les analyses demandées.

Ajoutons à ces institutions d'Etat les nombreuses sociétés privées que le budget subventionnait : 13 associations pour l'élevage du cheval, 43 pour le bétail, 89 pour les volailles et les lapins, 50 s'occupant de la vigne, 31 de la pomologie, 44 du tabac. L'apiculture avait également pris dans les derniers temps une grande extension.

21 coopératives s'occupaient de la vente du lait et de la production du beurre.

Faut-il encore mentionner ces excellents fromages de Munster, dont la réputation est mondiale et qui ont enrichi les producteurs de nos Vosges? Hélas ! la guerre a jusqu'ici surtout ravagé les montagnes où se trouvaient les fermes de nos fromagers.

Les assurances contre la grêle et contre la perte du bétail avaient donné de bons résultats. Il est vrai que toute médaille a son revers.

Nos agriculteurs étaient garantis contre certains risques ; mais combien lourdes n'étaient pas pour eux les primes multiples qu'ils devaient payer pour les assurances facultatives et obligatoires. Parmi ces dernières, je citerai seulement l'assurance contre les accidents du travail pour les ouvriers agricoles et pour les petits patrons, les cotisations des syndicats professionnels et des syndicats d'irrigation. Les Allemands travaillent bien, mais leur travail est très cher.

Il me resterait encore un mot à dire de l'organisation du crédit agricole. Deux puissantes associations y pourvoient : les caisses Raiffaisen, dont le siège central se trouve à Berlin, et dont les ramifications s'étendent sur toute l'Allemagne et le *Revisionsverband*, qui a été fondé à Strasbourg et qui ne fonctionne qu'en Alsace-Lorraine. Ces caisses font des avances importantes aux agriculteurs sur hypothèques et avec signature de garantie. Leurs ressources proviennent de dépôts à vue dont le montant peut être aussi réduit que celui des versements aux caisses d'épargne. Au moment où la guerre a éclaté, les sociétés alsaciennes-lorraines avaient une réserve de 9 millions de marcs au siège central des Raiffaisen. Sera-t-il possible de faire rentrer cette somme après la fin des hostilités et de provoquer, comme nous le désirons, la fusion des deux organisations financières, qui alors seraient parfaitement viables? Je le souhaite. Les négociations du traité de paix ne devront en tout cas pas perdre de vue, en cette question, les intérêts de la population rurale des provinces reconquises.

Il n'y a en Alsace-Lorraine que deux régions où la culture donne des résultats insuffisants, l'Ochsenfeld, qui s'étend au sud de Cernay, et où ne poussent que de maigres herbages et des arbustes rabougris, et la région de la Hardt, le long du Rhin, où les travaux d'endiguement du fleuve ont entraîné un abaissement de 3 mètres des nappes d'eau souterraines de la région. A grands frais, le parlement de Strasbourg avait, il est vrai, construit un canal d'irrigation allant de Huningue jusque près de Neuf-Brisach et dont les eaux, empruntées au Rhin et saturées des détritus de la ville de Mulhouse, devaient rendre à la Hardt son ancienne fertilité ! L'expérience n'a cependant pas complètement réussi.

Il est vrai que la forêt de la Hardt continue à fournir d'excellent bois. Et cela m'amène à parler de notre domaine forestier qui est très étendu. Nos forêts couvrent une superficie de 443.450 hectares, dont 138.800 appartiennent à l'Etat, 198.520 aux communes et 87.062 seulement à des particuliers. Si on fait abstraction des propriétés privées, où la spéculation a souvent eu pour conséquence une exploitation irrationnelle, nos bois ont été très sagement administrés par les autorités locales. Le rendement est faible, environ 2 pour cent, mais les ménagements qu'on a cru devoir prendre ont contribué pour une large part à l'amélioration des conditions climatériques du pays et à la beauté du paysage. Nous espérons que l'administration française restera, sur ce point, fidèle aux traditions des forestiers allemands, dont je me plais à reconnaître les mérites. Nous avons assez de critiques à formuler contre les tyrans de notre pays pour pouvoir concéder qu'en quelques points ils ont fait preuve de prudence et de sagesse.

Très étroitement liée avec la question forestière est celle de la législation sur la chasse. Une grande partie des propriétés domaniales et presque tous les bans communaux sont loués aux enchères à des chasseurs. Il en résulte d'un côté que les budgets municipaux tirent de ces locations des ressources considérables et dont ils pourraient difficilement se passer, de l'autre, que le gibier très bien gardé, est abondant. Sans doute nos paysans se plaignent des dégâts occasionnés dans leurs cultures par les lièvres et surtout par les faisans et les sangliers, mais les indemnités que la loi leur réserve sont sérieuses. A y regarder de bien près, seuls les braconniers ont quelque raison de se plaindre des sévérités du code. Reste à savoir si, tout bien pesé, il ne sera pas avantageux de maintenir dans nos provinces, en les modifiant légèrement pour tenir compte des revendications légitimes des propriétaires, une loi qui, somme toute, a donné de bons résultats. Je rappellerai seulement que les 1.100.869 hectares de chasses rapportent au fisc et aux communes la somme rondelette de 1.425.712 francs qui pourra encore s'augmenter le jour où les chasseurs français, auxquels le gouvernement d'Alsace-Lorraine refusait systématiquement leur port d'armes, pourront se livrer chez nous à leur plaisir favori.

Comme nous l'avons vu, l'Alsace-Lorraine n'est pas seulement un pays agricole. L'industrie y est très prospère. Les filatures et les tissages y sont nombreux à Mulhouse, à Colmar et dans toutes les vallées des Vosges. Les usines électriques de la Suisse et du grand-duché de Bade, comme celles de la Haute-Alsace et de la Lorraine, f. litaient l'exploitation grâce à l'énergie qu'elles fournissaient en abondance et à un prix abordable aux industriels comme aux communes.

Au cours des dernières années, on avait projeté l'exécution d'un travail énorme qui eût permis de remplacer, dans toutes nos grandes fabriques de la Haute-Alsace, le charbon par la houille blanche. Il s'agissait d'établir au-dessus de Mulhouse un canal de 60 mètres de largeur sur une profondeur de 1^{m}50 qui, s'alimentant dans le Rhin, en aval de Bâle, eût donné plusieurs chutes d'eau suffisantes pour fournir toute la force motrice désirable. La dépense prévue était de 60 millions. Les auteurs du projet, qui s'étaient assuré le concours des autorités publiques, prétendaient que l'entreprise serait largement rémunératrice. D'un autre côté, il est incontestable qu'une distribution aisée de l'énergie eût singulièrement facilité la création de métiers à domicile, une répartition du travail que souhaitent tous les sociologues, ennemis des grandes agglomérations ouvrières, et qui se serait facilement acclimatée dans un pays, où, malgré les progrès du mécanisme, les métiers à bras sont encore si nombreux dans certaines régions.

Un autre projet était encore à l'étude et il allait être mis en œuvre au moment où la guerre a éclaté. Entre le lac Blanc et le lac Noir, au-dessus d'Orbey, il y a une différence d'altitude d'environ 150 mètres. Or, nos grandes usines électriques n'ont pas l'emploi complet de leurs forces durant la nuit, tandis que pendant la journée elles ne peuvent pas suffire à la demande. Il s'agissait donc de pomper, pendant la nuit, une partie des eaux du lac Noir dans le lac Blanc, et d'actionner ensuite, aux heures du jour, de puissantes turbines, en utilisant la formidable chute qu'on obtenait de la sorte. Le mouvement perpétuel, quoi !

Je ne m'arrêterai pas à signaler les autres industries de notre pays, les tanneries de Ribeauvillé et de Barr, les teintureries de la vallée de St-Amarin, de l'Ile Napoléon, de Colmar, les grandes fabriques de cuir d'Adler et Oppenheim que les aviateurs français ont incendiées ces jours derniers et tant d'autres entreprises intéressantes, mais localisées. La soie artificielle mériterait une mention spéciale, comme aussi les grands ateliers de construction mécanique de Mulhouse et de Grafenstaden et les importantes aciéries des de Wendel en Lorraine;

mais il me tarde de passer à ces richesses du sous-sol qui sont l'orgueil des Alsaciens-Lorrains et qui furent si longtemps l'objet des convoitises des Allemands.

Nos mines de charbon, de fer et nos salines en exploitation ont une superficie de 2.270 kil. carrés. C'est vous dire leur importance. Or à ces entreprises, qui toutes sont prospères, sont venus s'ajouter, il a quelques années, les énormes gisements de potasse de la Haute-Alsace, entre Bollwiller et Mulhouse, prospectés par M. Vogt de Nirderbruck et dont la valeur est estimée à une quarantaine de milliards.

Le nombre des concessions est, pour le charbon, de 140, pour le fer de 173, pour les autres métaux de 31, pour la potasse et les sels de 257.

A signaler encore les puits à pétrole de Pechelbronn, dans la Basse-Alsace, qui actuellement donnent déjà 47.176 tonnes d'huile minérale par an, et les mines de plomb argentifère dont l'exploitation a été abandonnée, parce qu'insuffisamment rémunératrice.

En charbon, nous avons extrait, en 1912 3.538.951 tonnes, d'une valeur de 39 millions de marcs; en minerais de fer, 20.083.288 tonnes valant 53 millions.

Si les sels de potasse n'ont donné que 137.243 tonnes à la même époque (depuis lors le rendement a légèrement augmenté), cela tient à la loi d'empire qui a été votée spécialement pour en limiter l'extraction, car les propriétaires des gisements du Nord de l'Allemagne redoutaient la concurrence de nos produits, de qualité beaucoup supérieure à celle des leurs.

Le contingent que nous avions obtenu était minime. Or, la réannexion de l'Alsace-Lorraine à la France aura pour conséquence immédiate de supprimer toutes ces entraves légales et en même temps de fournir aux propriétaires des mines l'abondante clientèle des agriculteurs français.

Ici se pose un des plus graves problèmes économiques que fera surgir notre changement de nationalité. Si nous faisons abstraction d'une société d'exploitation relativement peu importante, toutes les autres sont entre les mains de capitalistes allemands, qui empocheraient des bénéfices énormes après le retour de l'Alsace-Lorraine à la France et verraient la valeur de leurs parts pour le moins décupler. Il me semble inadmissible qu'on fasse un cadeau de cette importance à ceux qui ont odieusement abusé de leur force pour accaparer toutes les richesses de notre petit pays. Ne devrait-on pas, pour parer à cet inconvénient, exproprier les sociétés allemandes et nationaliser nos mines de potasse? Les adversaires de la régie, et ils sont nombreux, je le sais, pourraient toujours demander que l'Etat confiât l'exploitation à une société fermière, qui lui paierait des redevances élevées. De la sorte chacun trouverait son compte au changement de propriétaires, les détenteurs actuels des parts, puisqu'ils seraient indemnisés sur la base de la valeur qu'elles avaient au moment de l'ouverture des hostilités, l'Etat, puisqu'il participerait largement aux bénéfices, et les rentiers français, puisque leurs capitaux trouveraient une rémunération avantageuse.

L'Etat d'Alsace-Lorraine s'était déjà intéressé aux mines de potasse pour une somme de 6 millions de marcs. Ce serait peut-être là une excellente amorce pour l'expropriation des autres détenteurs de parts.

A noter que les Allemands ont posé des précédents. Il y a 4 ans ils exigèrent l'éloignement du directeur des grandes mines de Grafenstaden, parce qu'il ne leur semblait pas donner des garanties suffisantes de patriotisme. A cette occasion, les feuilles pangermanistes déclarèrent qu'elles n'auraient plus ni cesse, ni trêve que tout le personnel de l'usine, depuis les ingénieurs jusqu'au dernier manœuvre, ne fût allemand.

Il y a deux ans, le directeur des contributions directes adressait encore aux présidents des Chambres de commerce un formulaire qu'il les invitait à remplir en donnant la nomenclature de toutes les entreprises industrielles de leurs districts et en répondant aux questions suivantes : quels sont les capitaux étrangers engagés dans ces affaires, en particulier quels sont les capitaux français ? ces usines ont-elles engagé des employés et des ouvriers étrangers; sous-question : des employés et des ouvriers français?

On cherchait donc par tous les moyens à éliminer les Français de notre vie économique. Pourquoi la France traiterait-elle mieux les Allemands vaincus?

Cela serait d'autant plus nécessaire que ces maîtres d'hier ont su déjà largement abuser de la protection des autorités pour s'assurer la part du lion dans nos grandes entreprises.

Presque toute la production du fer a passé entre les mains des Thiessen et des Miehte, des mêmes industriels qui avaient jeté leur dévolu sur les mines du Luxembourg et de Normandie. L'Allemagne a surtout besoin de charbon et de fer. Vous savez que, dès le lendemain de la déclaration de guerre, ses troupes se sont jetées sur le bassin de Briey où les ingénieurs du Kaiser ont immédiatement organisé une exploitation intensive, comme ils l'ont fait plus tard pour les mines de charbon de Belgique et du Nord de la France. Raison de plus pour leur enlever les gisements si riches de la Lorraine annexée et d'exercer un droit de prise sur les charbons de la Saare.

Vous me permettrez d'ouvrir ici une parenthèse. L'industrie allemande consomme annuellement environ 100 millions de tonnes de charbon, extrait des mines du syndicat houillier. Or le fisc prussien, qui est lui-même propriétaire de concessions importantes, opère d'accord avec les grands charbonniers pour entretenir sur le marché allemand une disette artificielle en exportant des quantités considérables de combustible, exportation favorisée par des tarifs différentiels. Comme vous le voyez, l'Etat p... ssien ne recule pas devant les bénéfices les plus malhonnêtes, même au détriment de ses propres nationaux.

Les Allemands ont donné un grand développement aux moyens de transport en Alsace-Lorraine. Un mot d'abord de la navigation fluviale. Nos principaux canaux avaient été construits par Vauban. Celui du Rhin à la Marne a une longueur de 104 klm, celui du Rhône-au-Rhin une longueur de 100 klm. Il était question de les élargir et de les approfondir pour permettre le passage aux bateaux de 300 tonnes, alors que nos 1.486 chalands actuels n'ont qu'un tonnage global de 102.210 tonnes. En 1912, quatre millions de tonnes de marchandises ont été tranportées sur nos canaux.

Les travaux de la régularisation du Rhin ont été entrepris il y a une dizaine d'années. Ils ne sont pas encore terminés. On espérait, grâce au système d'éperons qu'on avait imaginé pour fixer et approfondir le thalweg, obtenir une navigabilité de près de 300 jours par an, entre Mannheim et Strasbourg. Cette dernière ville a été dotée d'un port énorme, auprès duquel se sont installées les deux grandes minoteries alsaciennes. Le mouvement de ce port a atteint le chiffre de 1.660.000 tonnes, tandis que celui de Lauterbourg a été de 600.000 tonnes.

Notre réseau de chemins de fer avait été acheté en 1871 par l'Etat français à la compagnie de l'Est au prix de 325 millions de francs, et cédé pour la même somme à l'empire allemand en déduction de l'indemnité de guerre. Il a été considérablement développé. Avec le matériel roulant, il a actuellement une valeur nominale de 842 millions, une valeur commerciale de 746 millions de marcs, soit près d'un milliard de francs. Sa longueur est de 1.392 klm. de lignes principales, 450 klm de voies de raccordement, 78 klm. de chemins de fer à voie étroite. Le matériel se compose de 1.131 locomotives, 2.281 wagons de voyageurs, 27.955 wagons de marchandises.

Les recettes brutes de l'année 1912 ont été de 140 millions de marcs, le rendement net de 50 millions.

Ce réseau fera tout naturellement retour à l'Etat français, surtout si, au lieu de conclure la paix avec l'empire désormais inexistant, on passe 25 traités avec les 25 Etats allemands, et que, dès lors, les propriétés de l'empire (et nos chemins de fer en sont une) tombent en déshérence. Il ne nous appartient pas d'examiner si l'Etat prendra nos lignes en propre régie ou s'il les donnera à bail à la compagnie de l'Est. Le gouvernement et les Chambres auront à en décider.

Une autre question se posera d'ailleurs à propos des chemins de fer luxembourgeois que l'empire allemand administrait. Il est évident que, suivant que le Luxembourg entrera dans la sphère d'influence de la Belgique ou de la France, la convention existante devra être ou annulée ou maintenue.

Examinons encore rapidement la situation financière du pays qui va faire retour à la France.

Notre budget d'Alsace-Lorraine, qui en 1880 n'atteignait que le chiffre modeste de 47 millions de marcs, avait passé en 1912 à 76 millions. Notre dette publique s'élève à 44.547.000 de marcs seulement.

Les impôts directs rapportent, la foncière 2.201.000, l'impôt sur la valeur locative des immeubles 4.070.000, sur la productivité des professions 5.077.000, sur le capital, 2.344.000, sur les salaires et traitements, 2.637.000, sur les mines 1.097.000 marcs.

Malheureusement ces charges ont été considérablement augmentées par les centimes additionnels des départements et des communes, qui donnent, les premiers le chiffre global de 7.853.584 marcs, les seconds celui de 16.430.015 marcs.

C'est que la mégalomanie allemande a entraîné nos conseils généraux et nos municipalités dans les dépenses les plus exagérées. Les dettes communales qui n'étaient pour toute l'Alsace-Lorraine que de 15 millions en 1872, atteignaient en 1913 la somme énorme de 209.572.000 marcs et ont considérablement augmenté durant les deux dernières années.

Il me reste à effleurer plutôt qu'à traiter une dernière question, celle des caisses d'épargnes. 487.504 livrets accusent un total de dépôts s'élevant à 177.801.546 marcs. C'est là un beau bas de laine. Hélas ! la loi de 1912 a complètement modifié l'institution des caisses d'épargne qui, jusqu'alors, était restée assez semblable à celle des caisses françaises. Actuellement, 63 de ces instituts sont devenus autonomes, sous la seule responsabilité des communes et peuvent pour 60 % de leur encaisse, se livrer à des opérations d'avances aux municipalités ou de prêts sur gages à des particuliers. De plus les livrets multiples sont autorisés et le montant du dépôt de chaque livret peut être de 3.000 ou de 4.000 marcs suivant que la garantie est fournie à la caisse par l'Etat ou par la commune.

Il faudra de toute évidence revenir sur ce point et dans le plus bref délai à la législation française pour mettre fin à des manipulations dangereuses. Heureusement que la loi n'est appliquée que depuis 2 ans et que la caisse des dépôts et consignations de Strasbourg, qui détenait auparavant tous les fonds des caisses d'épargne, avait exigé un délai de 20 ans pour effectuer ses remboursements.

Me voilà enfin arrivé au bout de ce long exposé. Fatalement les lacunes sont encore nombreuses. Je tenais simplement, en vous citant quelques chiffres, à vous prouver que l'Alsace et la Lorraine occuperont, par leurs richesses naturelles et industrielles, sinon la première, du moins une des premières places parmi les provinces françaises.

Sans doute, nulle part la guerre n'aura exercé plus de ravages, occasionné tant de ruines, provoqué de deuils plus nombreux. Notre population est cependant si vaillante, si énergique qu'elle se remettra immédiatement à l'œuvre pour rendre au pays son ancienne splendeur. La répartition de l'indemnité de guerre l'y aidera. La générosité de la France fera le reste.

Il est un point cependant sur lequel je voudrais attirer votre attention avant de terminer. Les Allemands s'appliquent surtout, avant de quitter pour toujours le pays d'empire, à détruire l'outillage de nos industries, comme ils l'ont fait en Belgique et dans le nord de la France, où ils ont procédé à l'enlèvement systématique des machines et des matières premières.

Leur calcul est très simple. Ils essayeront de conclure la paix, même une paix onéreuse, avant que leur propre territoire ne soit occupé. Or si on consent à leur épargner l'épreuve de l'invasion, ils se trouveront dans la situation suivante : même si l'Allemagne est obligée de réparer en argent les pertes des industriels belges et français, ceux-ci ne pourront pas remonter leurs usines et les remettre en plein exercice avant une dizaine d'années. Pendant ce temps, les fabricants allemands, dont l'outillage aura été complètement épargné et même augmenté du fait du pillage organisé, seront à même de fournir un travail presque illimité et de s'assurer ainsi une énorme clientèle.

Pour déjouer cette odieuse manœuvre, il faut absolument que nos industriels puissent récupérer leur matériel en nature, quand les troupes des alliés auront franchi le Rhin. L'avance qu'escomptent les Allemands leur sera dès lors assurée à eux-mêmes. Il serait criminel de ne pas la leur garantir.

La guerre actuelle a été déclarée par la folie des grandeurs dont toutes les classes de la société allemande ont été frappées également. Elle était cependant avant tout une guerre économique. L'Angleterre l'a déjà compris. La France, je l'espère, le comprendra à son tour. Quand les soldats de la République auront brisé définitivement l'élan du militarisme allemand, il restera encore à donner aux pays alliés l'hégémonie industrielle et commerciale que l'empire germanique rêvait d'accaparer. Les diplomates ne failliront pas à leur devoir et l'Alsace-Lorraine, après avoir été à moitié ruinée par des maîtres sans pitié, verra poindre, des jours meilleurs, des jours d'incomparable prospérité sous l'égide de la France victorieuse.

LE TOURISME

Dans quel état allons-nous retrouver l'Alsace-Lorraine? « Si je suis obligé de l'abandonner, je la laisserai nue comme la main » doit avoir déclaré l'empereur allemand.

J'avoue que cette menace ne m'inquiète pas outre mesure. Les soldats du kaiser ont dévasté la Belgique et le Nord de la France ; mais c'était à l'époque où ils croyaient encore à une victoire facile et rapide qui les eût préservés de toutes représailles. Quand les soldats de la République occuperont l'Alsace-Lorraine, ils menaceront du même coup le grand-duché de Bade, tandis que les Russes seront descendus des Carpathes dans les riches plaines de la Hongrie.

L'Allemand redoutera donc l'envahissement prochain de son propre territoire, et cela le rendra plus accessible, sinon à des sentiments d'humanité, du moins à la crainte, qui fut toujours, chez lui surtout, le commencement de la sagesse.

Les dégâts que les Germains ont causés dans nos deux malheureuses provinces sont d'ailleurs déjà considérables. Faut-il rappeler que Burzwiller fut lâchement incendié, que, sans aucune nécessité, Thann est journellement bombardé, que dans le fond de la vallée de Munster des villages prospères ont presque disparu et que, pour se distraire, les Allemands ont criblé d'obus le charmant hôtel de l'Altenberg dont, avant l'ouverture des hostilités, ils tiraient tant d'orgueil ?

Quel sort réservent-ils à Mulhouse et à Colmar qu'ils ont entourés de formidables tranchées ? Nul ne saurait le prévoir. En attendant ils ont commencé par déménager les collections précieuses dont, pillards de profession, ils pensaient ainsi s'assurer la propriété.

Cette guerre épouvantable aura fait apparaître dans toute son horreur la mentalité fruste et barbare du peuple qui prétendait imposer sa lourde domination à l'univers. Nous pouvons heureusement espérer que le règne de la justice et du droit s'affirmera bientôt et que l'humanité désormais affranchie sera délivrée, et pour toujours, du monstrueux cauchemar que faisait peser sur elle la menace allemande.

Pays frontière, éternel objet des convoitises du voisin, théâtre de tant de guerres sanglantes, l'Alsace-Lorraine acquitte encore une fois un écrasant tribut aux rivalités franco-allemandes. Elle en sortira meurtrie, mais non abattue. Depuis les temps lointains où les hordes germaniques passaient le Rhin pour envahir les Gaules, elle fut saccagée par les Romains, par les fils de Charlemagne, par les paysans, par les Suédois, par les Kaiserlichs, par les Alliés de 1813, par les Prussiens de 1870. Toujours, au lendemain de ces bouleversements, sa vaillante population se remettait courageusement à l'œuvre pour reconstruire ses coquets villages et rendre à ses paysages leur gracieuse silhouette. Demain nous la verrons reprendre la truelle et peser sur le soc de la charrue avec toute la joie et toute la confiance que lui aura rendues le retour à la France tendrement aimée.

Vous l'aiderez, Mesdames et Messieurs,

à rétablir sa vie normale, cette vie laborieuse et aisée, qui fut celle de toutes les générations antérieures sur la terre bénie d'Alsace et de Lorraine.

Pendant 44 ans nous avons été séparés de la France. Le gendarme allemand montait bonne garde sur la crête des Vosges, à Pagny, à Avricourt. Pour rentrer dans ces provinces qui furent si longtemps françaises et qui le furent avec tant d'enthousiasme, il fallait montrer patte blanche. Les permis de séjour étaient rarement accordés aux émigrants alsaciens-lorrains et aux Français. Pendant la longue période des passeports, on les refusa indistinctement à tous ceux qui auraient voulu visiter notre pauvre pays.

Que de Français d'ailleurs ne pouvaient supporter la vue des soldats prussiens ou saxons qui encombraient les rues de Metz-la-Pucelle, ou qui paradaient sur la place Kléber à Strasbourg. Ceux qui savaient refouler leurs patriotiques angoisses pour venir nous apporter le réconfort de leur présence, souffraient de la surveillance étroite à laquelle ils étaient soumis et ils nous quittaient hâtivement, le cœur ulcéré, trop heureux d'échapper à l'obsession d'une méfiance qui se traduisait par les plus ridicules tracasseries.

Et nous ne leur en voulions pas de leur abandon. N'éprouvions-nous pas nous-mêmes la même angoisse, lorsqu'après un court séjour à l'étranger, nous revenions dans notre pays, où pourtant nous allions retrouver nos amis et nos famillles ? Au moment où, après avoir passé quelques jours en France ou en Suisse, je voyais le premier douanier allemand, il me semblait chaque fois qu'une lourde charge de plomb s'abattait sur mes épaules et que je respirais un air plus lourd et plus épais. Cette impression physique, presque tous mes compatriotes l'ont ressentie. Que de fois ne m'en ont-ils pas fait la confidence !

Les touristes français étaient donc devenus fort rares en Alsace-Lorraine, et pourtant la population indigène leur réservait toujours le plus bienveillant accueil, parce qu'ils apportaient avec eux la fleur bleue du souvenir et aussi le rameau prometteur de l'espérance. Par contre, les Allemands d'outre-Rhin venaient en interminables caravanes promener dans nos Vosges leurs chapeaux verts, leurs besaces remplies de mangeailles, leurs ridicules alpenstocks et leur morgue de vainqueurs.

Curieux personnage que le touriste allemand. Il voyage avec méthode, son Bedaeker à la main, n'oubliant aucune des curiosités que le guide lui signale, exprimant toujours son admiration de commande dans des termes stéréotypés, parlant haut, d'autant plus exigeant qu'il regarde davantage à la dépense. S'il admire le paysage, c'est pour ajouter immédiatement : « Quel riche pays nos pères ont donc conquis ! » S'il adresse la parole à un paysan, c'est pour lui rappeler que l'Alsace-Lorraine est et restera allemande.

Quand l'heure du repas a sonné, et elle sonne pour lui sept fois par jour, le bonhomme s'installe sur l'herbe et vide son rucksack où les saucisses de Francfort voisinent avec les jambons de Westphalie. Si le temps est mauvais, il pénètre dans une auberge, commande un verre de bière, puis déballe son garde-manger sur la table. Un bon patriote allemand ne saurait se faire exploiter par ces Alsaciens-Lorrains toujours fidèles au souvenir de la France.

L'Allemand ne connaît pas le pourboire.

Il discute par contre âprement les prix des hôteliers et s'imagine toujours être la victime de surtaxes antipatriotiques. Même quand chez lui la maison est exiguë, le mobilier médiocre, la propreté douteuse et le confort absent, il trouve le moyen de tout critiquer dans l'hôtel où il descend et il le fait en des termes violents, dans l'espoir qu'on lui fera payer sa nuit moins cher.

Et ce n'est pas seulement l'homme du peuple, le petit fonctionnaire qui fait preuve de ce manque absolu d'éducation. L'Allemand cultivé est logé à la même enseigne. Voici, entre mille, une histoire authentique.

Un magistrat de Colmar, accompagné de sa nombreuse famille, arrive aux Trois-Epis.

On commande un café complet, café, lait, pain, beurre et fromage à discrétion.

— Combien par tête ? demande le juge.

— 80 pfennigs.

— Et sans fromage ? Nous n'aimons pas vos Munster, qui sont trop odorants.

— C'est le même prix, répond l'hôtelier en s'apprêtant à remporter la large boîte que remplit le fromage crémeux.

— Non ! laissez, s'écrie le juge qui surprend le geste de l'hôtelier.

Et tout le Munster, avec toute la motte de beurre, y passe, largement étalé en tartines sur le pain doré.

Les Alsaciens s'amusaient de ces goinfreries économiques. Et pourtant ils en souffraient matériellement ; car avec des hôtes aussi parcimonieux, l'industrie hôtelière ne pouvait pas prospérer dans leur pays.

Les Allemands ont souvent prétendu néanmoins qu'ils avaient appris aux Alsaciens-Lorrains à connaître leurs provinces. Dans cette boutade, il y avait une part de vérité et une part d'exagération.

Autrefois, et le phénomène était universel (on ne saurait trop le rappeler), le tourisme était partout presqu'inconnu. Pour le créer il a fallu la facilité des moyens de transport, le goût croissant pour la culture physique, une sorte d'entraînement collectif qui s'est produit dans presque tous les pays vers la même époque, la création de sociétés sportives qui ont mis le footing à la mode.

Ma grand'mère, qui mourut à Soultz à l'âge de 86 ans, n'avait été qu'une fois dans sa vie à Strasbourg et elle racontait encore, dans ses vieux jours, avec des expressions admiratives du plus réjouissant effet, les merveilles qu'elle y avait découvertes. De nos jours, les petits enfants ont déjà fait ample collection de souvenirs au cours d'innombrables excursions, et cela vaut mieux ; car à bien connaître son pays et à le comparer avec les pays voisins, on en vient tout naturellement à l'aimer davantage.

Toujours est-il que les Allemands n'ont nullement joué chez nous, sur ce point, le rôle d'initiateurs. Ils ont simplement suivi le courant général qui s'était établi partout à la même époque. Ils auraient plutôt dégoûté les Alsaciens-Lorrains de s'adapter aux mœurs nouvelles ; car, envahis par les bonshommes encombrants dont Hansi a immortalisé la silhouette ridicule, nos paysages perdaient beaucoup de leur charme.

On a déjà constaté ailleurs le phénomène suivant : l'Anglais, qui est le touriste le plus recherché des hôteliers, disparaît dès que l'Allemand arrive, comme le lièvre s'en va quand le lapin pullule.

Nous ne pouvions pas quitter notre pays

mais combien celui-ci nous semblait moins attirant depuis que les pesants et voraces Germains s'y étaient installés en maîtres.

Le rôle éducatif de l'Allemand s'est exercé sur un seul point vis-à-vis des Alsaciens-Lorrains, et je ne crois pas que ce fût un progrès. Nos immigrés avaient la manie du déplacement. Il ne se passait pas un dimanche qu'ils ne partissent en familles pour la montagne. Et dès que les vacances étaient venues, grands et petits fonctionnaires s'en allaient avec toute leur smala en Suisse ou en Italie. Ces gens-là ne savent pas économiser et ils ont un peu appris à nos compatriotes à les imiter, ce qui ne signifie nullement que là où les porte leur esprit vagabond, ils fassent de grosses dépenses et enrichissent les restaurateurs. Et cette constatation m'amène à parler de nos hôtels.

L'industrie hôtelière était presque inexistante en Alsace-Lorraine avant 1870. On trouvait bien chez nous quelques restaurants de bonne réputation, comme Moitrier à Metz, Valentin à Strasbourg, Landwehrlen à Colmar, où les fins becs pouvaient, à un prix relativement peu élevé, s'adonner aux plaisirs délicats de la table. Certains aubergistes de la campagne se transmettaient précieusement de père en fils les succulentes recettes de matelotes et des fritures.

Mais l'étranger trouvait difficilement à se loger convenablement. Il est vrai qu'en ce temps-là les touristes étaient rares et qu'un hôtel moderne, aux chambres innombrables et à l'immense table d'hôte, eût difficilement fait ses frais. La fonction devait créer l'organe bien plus tard.

Or, ce qui devait empêcher, même durant les 44 dernières années, l'industrie hôtelière, de prendre dans les provinces annexées à l'Allemagne, le développement qu'on a constaté ailleurs, c'était la difficulté (et elle subsista jusque dans ces dernières années) de réunir dans une même maison les éléments divers de notre population. Les sympathies et les goûts des Allemands immigrés et des Alsaciens-Lorrains indigènes étaient divergents. On ne fréquentait pas les mêmes hôtels, les mêmes restaurants, les mêmes brasseries. A Strasbourg par exemple, les Alsaciens se réunissaient à la Taverne, les Allemands à la Germania. Au Beckehissel, où la clientèle était plus mêlée, indigènes et immigrés se donnaient rendez-vous à des heures différentes.

Comment eût-il d'ailleurs pû en être autrement, puisque les préférences culinaires des hôtes de chaque nationalité étaient complètement opposées. L'Allemand n'attache pas grande importance à une cuisine fine et variée. Il lui faut des plats abondants et à bon marché. Pourvu que la bière coule à grands flots et que les flons-flons d'un orchestre favorisent sa digestion béate, il est parfaitement satisfait.

L'Alsacien et le Lorrain sont au contraire très gourmands. Ils ont gardé l'orgueil d'une cuisine qui fut toujours plantureuse. Sans doute ils boivent volontiers la petite bière légère qui a fait la réputation des établissements de Schiltigheim, pour ne parler que de ceux-là, mais ils préfèrent, pendant leurs repas, arroser les savoureuses choucroutes et les fins civets de lièvre aux nouilles du jus pétillant de leurs vignes. Les caves sont abondamment fournies, sur les rayons de ce que nos compatriotes appellent plaisamment leur bibliothèque, les crûs les plus fameux, soigneusement étiquetés, s'alignent en rangs pressés, et les vénérables bouteilles en sont extraites avec tous les égards dus à l'or liquide qu'elles renferment.

Dans la brasserie allemande, l'Alsacien-Lorraine se trouve dépaysé, son estomac proteste contre les grossières fautes de goût que commettent les convives qui s'empiffrent sans discernement. L'Allemand, à son tour, est mal à l'aise dans l'hôtellerie indigène, où des raffinements auxquels il n'est pas habitué le déconcertent par leur complication.

Or, parce que les clientèles locales étaient si opposées dans leurs exigences, nous trouvons en Alsace-Lorraine peu ou point d'établissements répondant aux besoins du tourisme cosmopolite. Quelques maisons, comme l'Altenberg, au-dessus de Munster, les hôtels des Trois-Epis près de Turkheim, St-Jacques, à mi-côte de Ste-Odile, donnaient peut-être satisfaction aux voyageurs venus du dehors ; mais dès qu'on s'écartait de ces stations estivales très fréquentées, on ne trouvait plus que la petite auberge de village, proprette, avenante, à la table abondamment fournie, mais aux chambres peu nombreuses et inconfortables.

Il y aura là toute une industrie nouvelle à créer. Les Suisses et les Badois nous ont donné l'exemple. Dans la Forêt-Noire, dont les paysages ne sont pas plus attirants que ceux des Vosges, les somptueux hôtels sont innombrables. Or les touristes, surtout depuis que l'automobile a supprimé les distances, ne sont pas indifférents à la commodité et au luxe du couchage et bien souvent, nous voyions nos hôtes, mêmes Français, abattre quelques dizaines de kilomètres de plus, pour trouver un bon gîte, alors que nous ne pouvions leur en offrir qu'un très médiocre.

Il serait injuste de ne pas reconnaître que les Allemands ont su apprécier la beauté du pays qu'ils avaient conquis. Leur admiration s'est traduite par des travaux méthodiques. Quand, dans ma première jeunesse, j'escaladais les pentes qui conduisent aux Trois-Epis et au Hoh-Kœnigsbourg, j'étais obligé d'emprunter de minces raidillons, vrais sentiers de chèvres qui mettaient mes jambes et mes poumons à une dure épreuve. Le *Vogesenclub* a changé tout cela. Nos montagnes sont maintenant partout sillonnées de chemins larges et bien entretenus, dont les lacets savamment établis permettent d'entreprendre les plus longues ascensions sans grande fatigue. Partout aussi des poteaux indicateurs renseignent le promeneur sur la direction qu'il doit prendre pour arriver au but.

Hélas! pourquoi faut-il que le mauvais goût et le servilisme des Allemands aient de nouveau gâté ces heureuses transformations ? Des inscriptions grotesques déparent les bancs de repos, les trouées ménagées sur le paysage : « Sentier Eitel-Fritz, repos du Kronprinz, Avenue Guillaume II. Il faut s'arrêter ici pour admirer le paysage. » Ces gens-là ont la manie du verbalisme patriotique. Ils ont encore celle des sentences ménagères. Descendez dans un hôtel tenu par de purs Germains. Au-dessus de la porte de votre chambre vous lirez une sentence pyrogravée : « Soyez le bienvenu, » sur la serviette les mots brodés en grosses lettres rouges : « Une âme pure veut habiter un corps propre, » sur le coussin du canapé l'invitation à la sieste : « Rien qu'un petit quart d'heure. » Et ainsi de suite. Partout la pensée naïve, mais obsédante, de votre hôte, vous poursuit. On ne se sent pas seul dans ces chambres où un personnage invisible vous assomme de ses conseils et s'obstine à imposer sa volonté lointaine au moindre de vos gestes.

Les pancartes dont les Allemands ont ainsi déshonoré les plus beaux sites de nos Vosges exercent la même action déprimante sur l'esprit des touristes qui n'ont plus le droit d'admirer la nature que sur commande. Mais passons ! il sera facile de débarrasser notre pays de ces niaises inscriptions. Quant aux noms de princes, dont on a baptisé les sentiers et les routes du Vogesenclub, nous aurons après la guerre assez de héros alsaciens-lorrains pour les remplacer avantageusement.

Le jour où les Vosges ne seront plus une frontière, et où, d'un autre côté, la population de nos deux provinces sera redevenue homogène, les capitaux qu'on placera dans notre industrie hôtelière donneront un bon rendement. Notre pays est si beau, sa population si aimable, sa cuisine si alléchante, son vin si généreux, que les clients ne manqueront pas. Et puis il y aura tant de Français qui voudront faire un pieux pèlerinage sur la terre reconquise d'Alsace-Lorraine et qu'y attirera également le désir de visiter les champs de bataille et les tombes glorieuses !

Vous me permettrez bien, Mesdames et Messieurs, d'ouvrir ici une parenthèse. L'Allemand apporte, en tout ce qu'il entreprend, un grand esprit de méthode. C'est ainsi qu'il avait réussi, au cours des dernières années, à complètement accaparer l'industrie hôtelière, non seulement pour son propre pays, ce qui en somme était légitime, mais encore à l'étranger. Faut-il vous rappeler le nombre énorme de directeurs, de gérants, voire même de propriétaires allemands d'hôtels que nous trouvions à Paris ? Le personnel inférieur était presque exclusivement composé de fils de la blonde Germanie. J'avais un jour parié que sur 10 garçons, qui servaient dans un hôtel des boulevards, je découvrirais 9 Teutons. J'adressai successivement la parole en allemand à tous les servants. Ils me répondirent dans les plus purs dialectes d'Outre-Rhin. L'un venait de Berlin, l'autre de Hambourg, le troisième de Munich, et ainsi de suite.

C'est que l'Allemagne a créé des écoles spéciales pour former le personnel de ses hôtels et restaurants. Le futur gérant s'engage d'abord à 14 ans comme « page » (c'est le nom qu'on donne là-bas au petit chasseur) dans un grand hôtel, où il se familiarise avec les exigences de la clientèle. Plus tard il entre à l'école où on lui apprend à faire le service, à tenir des comptes, à procéder aux achats, à satisfaire et même à prévenir les désirs des voyageurs. Puis commence la tournée à l'étranger, trois ans à Paris, autant à Londres, quelquefois un séjour prolongé en Italie. A 25 ans le garçon d'hôtel allemand est polyglotte. Il connaît de plus les habitudes de chaque pays, les petites manies des touristes de chaque nationalité. Il est suffisamment souple et obséquieux pour s'accommoder à tous les caprices des hôtes de passage. C'est le domestique idéal que les patrons se disputeront en attendant qu'il arrive, à force de souplesse et de persévérance, à se substituer à eux.

Et voilà comment les hôtels de Suisse, de la Riviéra, du lac de Garde, de Rome, de Naples, de l'Egypte, ont passé entre les mains des Allemands.

Sur ce point notre éducation reste à faire. Le Touring-Club et le Club Alpin devront s'employer vigoureusement à éliminer de toute la France ceux qui l'avaient envahie pour la dépouiller ; mais ils devront également veiller à ce que nos hôteliers préparent, en y apportant toute la méthode allemande, un personnel indigène possédant les mêmes qualités que le personnel d'Outre-Rhin. Les éléments sont là, beaucoup plus fins que la lourde matière première que nous offre l'Allemagne. Encore faut-il les mettre systématiquement en valeur. Le client désire être bien servi, l'étranger veut pouvoir parler sa langue maternelle. Si le garçon français ne donne pas pleine satisfaction à ces exigences, le garçon allemand viendra triomphalement reprendre sa place dans nos hôtels, pour le plus grand dommage de notre sécurité nationale et aussi pour l'appauvrissement du pays.

Après cette excursion dans le domaine général de l'industrie hôtelière, revenons en Alsace-Lorraine. Peu de régions françaises présentent une si grande variété d'aspects. Metz, paresseusement couchée sur les bords de la Moselle, avec sa ceinture de collines verdoyantes, est la ville du souvenir. Sa vénérable cathédrale, ses couvents, ses vieux palais, sont autant de joyaux dont les pierres grises s'harmonisent merveilleusement avec les teintes très douces du paysage. Tout le pays d'alentour est vallonné. Les terres très lourdes fournissent d'abondantes moissons, les nombreux étangs mettent des taches d'azur au milieu des rouilles du sol, et des teintes sombres des forêts. Le pays minier est d'apparence plus désolé ; mais quelle activité fébrile y règne ! D'innombrables wagonnets portent le charbon gras et les minerais pailletés de fer. D'énormes crassiers forment des collines artificielles près des hauts-fourneaux.

Et brusquement le paysage change. Voici les coteaux où la vigne s'étage. Nous sommes au pays de la grande culture. Les villages sont gais, la population vigoureuse et avenante. De grands troupeaux paissent dans les prairies où l'herbe est abondante et savoureuse. Encore quelques kilomètres et nous arrivons sur les confins de l'Alsace. A Saverne les Vosges dressent leurs premiers contreforts. Dans le lointain se profile sur le ciel l'élégante silhouette de la cathédrale de Strasbourg. La Sarre coule paresseusement entre de longues allées de peupliers. La culture se transforme : ce sont maintenant les grandes houblonnières avec leurs alignements d'échalas reliés par des fils de fer auxquels la plante s'agrippe, puis les champs de tabac, puis les riches jardins dè maraîchers. Enfin nous arrivons à Strasbourg. Et ici le contraste s'impose immédiatement entre la vieille ville si douce, si attrayante avec ses maisons à pignons, douillettement pressées les unes contre les autres, avec ses églises gothiques, ses gracieux palais, son architecture si variée, et la ville nouvelle avec ses lourdes constructions allemandes, depuis l'odieux palais impérial jusqu'aux villas grotesques et prétentieuses de l'avenue de la Robertsau.

Mais retournons vite dans les Vosges. Un coup d'œil, en passant à Obernai, cette bourgade si pittoresque. Nous escaladons les pentes très douces de Ste-Odile. De la terrasse du couvent, quel merveilleux panorama. La plaine s'étend à perte de vue, comme un riche tapis vert et rose, sur lequel sont tissées les silhouettes des clochers de village et que borde le ruban d'argent du Rhin. Dans le lointain s'estompent les montagnes de la Forêt-Noire, qui forment le cadre de ce tableau unique au monde.

Les yeux pleins de cette vision, nous redescendons sur Barr et sur Schlestadt, et voilà que dans le massif des Vosges se creusent de profondes vallées, celle de Ste-Marie qui nous conduit à l'industrieuse cité qui jadis tirait tant d'orgueil de ses mines d'argent, celle de Villé, qui fut le théâtre de tant de combats, celle de Ribeauvillé, séparée des précédentes par le haut piton de Hohkœnigsbourg, avec son château, hélas ! ignoblement restauré par Guillaume II, celle de Kaysersberg, qui débouche, avec celle de Munster, sur Colmar, la vieille cité moyennageuse aux rues si capricieusement tortueuses, aux maisons à encorbellements audacieux, aux couvents moussus que domine la flèche originale de St-Martin. Et tout ce versant des Vosges est couvert, dans le bas, de vignobles célèbres, tandis que la crête est couronnée de forêts de sapins, de chênes, de hêtres et de châtaigniers.

Des lacs minuscules, mais si gracieux, remplissent les cuvettes de la montagne près d'Orbey, et plus loin au ballon de Guebwiller. Enfin la vallée de Wesserling termine cette randonnée en apothéose ; car nous y trouvons comme un résumé de toute la richesse de l'Alsace, une agriculture très développée et une industrie presque aussi renommée que celle de Mulhouse.

Je ne puis évidemment que vous faire parcourir au pas de course ce pays si varié et où tant de beauté s'allie à tant de souvenirs. Il faudrait plusieurs heures pour vous raconter l'histoire souvent si tragique, souvent aussi si plaisante et si savoureuse de nos dix villes libres d'Alsace et du duché de Lorraine, pour vous décrire les 300 ruines féodales qui s'accrochent aux flancs et aux sommets des Vosges, pour étaler sous vos yeux les richesses minières du pays : houille et fer en Lorraine, pétrole en Basse-Alsace, sels de potasse dans le Haut-Rhin, pour vous indiquer les vertus curatives des eaux de Niederbronn, de Carola, de Wattwiller.

Ce que je vous ai dit, en quelques mots, de ce pays aimé, doit suffire à donner à ceux d'entre vous qui ne le connaissent pas le désir de le voir, à fortifier chez les autres la volonté d'y retourner. Avant de continuer mon exposé, nous allons d'ailleurs avoir l'occasion d'admirer quelques projections, qui vont évoquer devant nos yeux des visions d'Alsace-Lorraine.

PROJECTIONS

L'œuvre du Vogesenclub n'est pas encore terminée. Il projetait par exemple, et il s'était assuré pour cela de riches subventions de l'Etat et des départements, de créer une route carrossable qui aurait suivi dans toute sa longueur la crête des Vosges, avec quelques hôtels modernes comme stations de relais. Ce projet pourra et devra être repris. Il est d'ailleurs déjà en partie exécuté.

A ce propos vous me permettrez de mentionner un ingénieux stratagème qu'on employa pour faciliter la construction de la route du ballon de Guebwiller. Comme les ressources publiques et privées étaient limitées et les dépenses très fortes, on fit comprendre à l'administration militaire l'utilité stratégique de la route projetée, et bientôt un bataillon de pionniers était réquisitionné pour activer les travaux qui furent rapidement et économiquement exécutés.

L'Allemand n'oublie jamais les exigences de son estomac. Comme les hôtelleries étaient clairsemées dans la montagne et qu'il fallait souvent faire une trotte longue et pénible avant de pouvoir se désaltérer, les immigrés imaginèrent de répartir intelligemment dans la montagne les chalets des gardes-forestiers et ils accordèrent à ceux-ci le droit de débiter des boissons Le garde-forestier d'Alsace-Lorraine est un personnage dont la situation est enviable. Il est très bien logé, dispose de réserves de bois abondantes, peut chasser dans les forêts domaniales, par-dessus le marché, il tient auberge. Son traitement est de plus respectable : de 2 à 2.500 francs.

Il me reste une dernière question à traiter sommairement devant vous, et celle-là me tient particulièrement à cœur. L'Alsace-Lorraine possède un superbe vignoble de 26.000 hectares. Ses crus sont remarquables ; je ne citerai que le Kitterlé de Guebwiller, le Brand de Turkheim, le Riquewihr, le Ribeauvillé, le Marlenheim, le Scy, le vin gris de Lorraine. Frais, pétillant, parcourant toute la gamme des bouquets les plus variés et les plus fins, notre vin donne la gaieté, la joie de vivre. Il est riche en alcool, très doux malgré une pointe d'acidité qui le rend plus agréable et plus désaltérant.

Les marchands de vins du Rhin et de la Moselle en ont parfaitement apprécié la valeur ; car chaque année, après la vendange, ils venaient faire des achats considérables en Alsace-Lorraine pour augmenter d'autant la production médiocre de leurs vignobles. La loi allemande sur les vins (on l'ignore généralement en France) permet une addition de 20 pour cent d'eau sucrée au jus de la vigne. De plus elle autorise à vendre sous l'étiquette d'un cru déterminé un mélange où le vin de ce cru n'entre que dans la proportion de 51 pour cent. Quand donc vous payez très cher, dans un restaurant à la mode, un Johannisberg, un Rudisheimer ou un Lifebfrauenmilch, vous buvez un produit, de double origine, où il y a presque toujours 49 pour cent de vin d'Alsace-Lorraine, et c'est souvent ce dernier produit naturel qui donne à l'ensemble son goût relevé.

Les Allemands ont poussé jusqu'aux dernières limites l'art de la réclame comme celui de la falsification. Les journaux du monde entier ont chanté les louanges de leurs vins qu'on retrouve à la place d'honneur sur les cartes de tous les restaurants à la mode et que les snobs payent à des prix invraisemblables.

On ne saurait cependant trop le répéter, ni le Rhin supérieur, ni la Moselle prussienne ne sont des pays où la vigne se soit réellement acclimatée. La température est trop rude, rarement le raisin peut mûrir. Ce n'est que par des artifices de tout genre qu'on arrive à faire pousser les pampres sur les terres maigres et pierreuses qui s'étagent sur les rives des deux fleuves. Et puis les grands crus, ceux qui proviennent d'une sélection des grains dorés, ne sont pas dans le commerce. Ce que la clientèle courante des hôtels paye si cher est le plus souvent une mixture sophistiquée, à laquelle le bouquet spécial des vins de cette région a encore été ajouté artificiellement.

Chacun sait d'ailleurs, dans le monde des viticulteurs, que les marchands de vins de la Prusse rhénane renouvellent tous les jours le miracle des noces de Cana. En effet, la production de leurs vignobles est très limitée et néanmoins on trouve les vins du Rhin et de la Moselle partout, à Paris comme à St-Pétersbourg, à New-York comme à Shanghaï.

Et maintenant voici pourquoi je me suis permis cette excursion au pays voisin.

Nos viticulteurs alsaciens-lorrains sont très inquiets. Les frais de la culture de la vigne ont augmenté dans de telles proportions, par suite surtout de la lutte contre les maladies cryptogamiques des ceps, que nous ne pouvons pas vendre nos vins à moins de 40 fr. l'hectolitre. Comment, dans ces conditions, nos crus pourront-ils supporter la concurrence des vins du Midi de la France, qui sont beaucoup moins chers ?

Or la clientèle du marchand de vins du Rhin et de la Moselle va nous être enlevée, si dans les traités de commerce on ne prévoit pas pour nos produits un traitement de faveur.

Il est vrai qu'une autre possibilité pourrait être envisagée. Nos vignerons seraient sauvés si la clientèle française consentait à remplacer les vins allemands par les vins alsaciens-lorrains qui servent à les fabriquer. Et pourquoi donc nos compatriotes ne feraient-ils pas preuve de patriotisme même à table ? Nos crus ne sont pas connus ; mais ils méritent de l'être. Tous les touristes qui se sont arrêtés dans nos hôtels et dans nos auberges, ont chanté l'excellence de ces vins si clairs, si gais, si rafraîchissants et si capiteux. Il suffirait de traduire ces éloges mérités en abondantes commandes pour redonner confiance aux viticulteurs d'Alsace-Lorraine et les préserver de la ruine qui les guette. L'estomac et la bourse des Français s'en trouveraient également mieux.

La France a bien quelques obligations vis-à-vis de ceux de ses enfants qui furent si longtemps séparés d'elle et qui ont tant souffert pour l'avoir tant aimée. Or il se trouve qu'au lendemain du retour de l'Alsace-Lorraine à la mère-patrie, abstraction faite des ruines que la guerre aura semées dans nos provinces, un grave problème économique se posera pour mes compatriotes. Séparés pendant 44 ans de la France, ils ont dû accommoder leur production aux nouvelles conditions qui leur étaient faites. Actuellement il y a dissonnance entre leurs intérêts matériels et ceux des autres provinces françaises. Il faudra donc de toute nécessité, si on ne veut pas que surgissent inconsciemment chez quelques-uns de stériles, mais dangereux regrets, qu'on tienne compte de cette situation spéciale et qu'on nous vienne largement en aide pour nous faciliter l'adaptation au milieu où nous avons si ardemment désiré revivre.

Le tourisme sera certainement un des meilleurs agents de la propagande française dans notre petit pays. Venez en grandes caravanes admirer les terres si belles et si fécondes que les fils de France auront reconquises au prix de si longs et si généreux efforts. Vous y trouverez une population bonne, aimable, souriante malgré les longues épreuves qu'elle a traversées, vous y verrez des villages accueillants dans leur cadre de luxuriantes verdures, des montagnes dont les forêts vous offriront un asile de douce fraîcheur, des panoramas sans cesse variés, et dans les villes, des monuments qui vous raconteront la plus touchante et la plus glorieuse histoire.

Nous vous avons attendus pendant près d'un demi-siècle. Venez vous montrer à ceux qu'on avait brutalement séparés de vous et qui vous feront fête. Et puis faites honneur à nos produits que les Allemands, malgré leur manque de goût, savaient néanmoins apprécier. Dites en rentrant chez vous que l'Alsace-Lorraine est une terre bénie où les vins les plus délicats coulent à flots.

La France ne reprend pas seulement un territoire qui lui appartient. Il faut encore qu'elle rende à ses habitants la prospérité et la richesse. Les Alsaciens-Lorrains se sont jadis fait gloire de lui fournir ses meilleurs soldats. Ils vont reprendre gaiement la garde le long de la frontière du Rhin. Est-ce trop demander que de souhaiter qu'à côté des satisfactions morales qu'ils y trouveront, ils ne souffrent pas dans leurs intérêts matériels du changement qui se prépare ?

Nous vivons aujourd'hui une grande époque, les heures les plus tragiques de l'histoire de l'humanité. Demain nous assisterons à la victoire du droit et de la justice sur la barbarie. L'Alsace-Lorraine n'est pas la cause immédiate, mais elle est le premier enjeu de cette lutte formidable. Avec moi, vous désirez qu'elle en sorte heureuse, et je suis certain, Mesdames et Messieurs, que vous vous emploierez tous à lui assurer ce bonheur qu'elle a mérité par sa fidélité, son courage et son endurance.

L'ALSACE-LORRAINE DE DEMAIN

Mesdames, Messieurs,

Ce qu'était l'Alsace-Lorraine hier, je l'ai dit ailleurs. Son martyre fut long et cruel ; mais l'heure approche où, après de nouvelles épreuves, elle pourra enfin saluer l'aurore de sa délivrance définitive.

Alors cette entité nationale, que les convoitises insatiables de l'Allemagne victorieuse avait créée, cessera tout naturellement d'exister. Il n'y aura plus d'Alsace-Lorraine ; mais trois départements français, dont la population avait fait un mauvais rêve, et sera heureuse de retrouver à la table familiale la place d'honneur qu'elle y occupait avant l'année terrible.

Ce retour s'opérera dans l'allégresse. Encore sera-t-il nécessaire de ménager les transitions et c'est sur ce point que je crois devoir attirer votre attention d'une façon toute particulière aujourd'hui. Pour un grand nombre d'esprits simplistes, rien ne sera plus aisé que la réassimilation des Alsaciens-Lorrains. Toute la législation française sera d'un seul coup introduite dans les départements reconquis, les fonctionnaires allemands seront remplacés par des hommes bienveillants venus de toutes les provinces du territoire républicain, et du jour au lendemain la transformation s'opérera comme sous le coup de baguette d'un sorcier ou d'une fée.

Hélas ! le problème est plus compliqué. Pendant 44 ans, la législation de la France et celle de l'Alsace-Lorraine ont cheminé dans des voies différentes, s'éloignant toujours davantage l'une de l'autre et créant dans deux populations, qui avaient perdu tout contact administratif, des habitudes, des mœurs, des intérêts divergents.

Sans doute, nous nous défendions âprement contre l'emprise allemande. Toute l'histoire de notre politique intérieure depuis l'annexion n'est que celle d'une lutte de toutes les heures entre les germanisateurs qui essayaient de faire disparaître tous les souvenirs du passé et les indigènes qui voulaient à tout prix rester eux-mêmes et maintenir la chaîne solide de leurs traditions.

Avec quelle violence et en même temps quelle méthode, les Allemands s'appliquaient à nous faire désapprendre la langue française ! Défense avait été faite de renouveler les enseignes françaises à la devanture des magasins. Il fut un temps où nos maîtres défendaient même de mettre des inscriptions françaises sur les tombes. Dans les écoles primaires, l'enseignement de la langue française avait été complètement proscrit, malgré les protestations répétées du parlement strasbourgeois.

Alors que de l'autre côté du Rhin cet enseignement était assuré largement dans les collèges de l'Etat par des professeurs français, chez nous on ne lui accordait que quelques heures parcimonieusement comptées et on le confiait à des maîtres qui n'étaient pas capables de le donner.

Que de fois ne m'est-il pas arrivé (et chacun de mes compatriotes pourrait en dire autant) d'être apostrophé par un passant qui d'un ton rogue me disait : « Nous sommes ici en Allemagne, on parle allemand. »

Malgré ces persécutions et peut-être à cause d'elles, notre population s'appliquait à parler la langue défendue. Il n'en est pas moins vrai que si, dans les familles bourgeoises on pouvait, par des lectures appropriées et par le choix des relations, maintenir le culte et l'usage du français, les gens du peuple, privés de toute occasion de s'instruire, en étaient arrivés à ne plus parler que leur savoureux dialecte.

L'œuvre de germanisation extérieure se poursuivait donc avec des alternatives diverses, entravée par la brutalité même des procédés qu'employaient leurs auteurs, mais donnant néanmoins d'appréciables résultats.

Passons à un autre ordre d'idées. Malgré nous, notre petit pays appartenait à ce grand organisme politique et économique qu'était devenu l'empire allemand. Toutes les lois votées par le Reichstag et le Bundesrath étaient applicables chez nous. Or, ces lois étaient très différentes de celles que la France se donnait, et leur application rigoureuse provoquait des accommodations, créait des habitudes, déplaçait des intérêts. On ne subit pas durant 44 ans l'empreinte d'une méthode étrangère sans se transformer quelque peu, même quand on essaye de réagir.

Nos industries s'étaient vues contraintes de modifier leurs procédés de fabrication ; elles avaient dû chercher de nouveaux clients, elles avaient enfin adapté leur production à une législation ouvrière minutieuse et tatillonne. Même transformation dans le commerce qui ne pouvait pas se soustraire à l'obligation d'adopter les méthodes allemandes et devait se soumettre à des réglementations qu'on ignore en France.

D'un autre côté, les assurances ouvrières allemandes, appliquées avec la rigueur que l'on sait, créaient des droits qui ne sauraient être écartés d'un geste dédaigneux.

Jusqu'en 1895, la législation fiscale française avait été appliquée intégralement en Alsace-Lorraine. Depuis lors, le parlement strasbourgeois l'avait complétement modifiée. Si l'impôt foncier continuait à être prélevé d'après les anciennes formules, les portes et fenêtres devenaient l'impôt sur la valeur locative des immeubles, les patentes se transformaient en impôt sur la productivité des professions, la personnelle et la mobilière disparaissaient pour faire place à l'impôt sur la rente du capital et à l'impôt sur les salaires et traitements. Toutes ces réformes, dont l'opportunité et la justice étaient reconnues par une population intelligente et réfléchie, étaient entrées profondément dans nos mœurs.

Il est d'autres lois dont les effets ne sauraient être supprimés d'un trait de plume. Prenons des exemples. En 1873, les charges avaient été supprimées par le gouvernement allemand qui les avait rachetées pour une somme globale de 26 millions. Nous n'avons donc plus d'avoués, et les notaires comme les huissiers sont devenus de simples fonctionnaires. D'un autre côté, le nombre des pharmaciens a été limité sur la base d'une officine pour une moyenne de 7.000 habitants. La conséquence a été que le prix des pharmacies s'est formidablement élevé. Les détenteurs actuels ont payé leurs concessions à 100.000, 200.000, voire même 500.000 francs. Que demain la loi française, qui ne connaît aucune limitation, soit appliquée sans ménagements et nos pharmaciens éprouveront tous de ce fait des pertes énormes de capitaux.

Examinons un problème d'un autre ordre. Les programmes du baccalauréat sont tout différents en Allemagne et en France. Il sera néanmoins nécessaire d'établir sur ce point une équivalence, car on ne voudra pas faire perdre aux bacheliers alsaciens-lorrains le bénéfice de leurs longues études. Il serait, de plus, très dur d'appliquer intégralement les méthodes françaises aux élèves des classes supérieures des collèges et gymnases et de retarder de la sorte arbitrairement l'obtention de leurs diplômes.

Même difficulté pour les études universitaires. Comment s'y prendra-t-on enfin pour régler la situation légale des médecins, des philologues, des référendaires et des assesseurs, qui ont des titres allemands, dont souvent nous ne trouvons pas l'équivalent en France ?

La question religieuse soulèvera de plus grands embarras. L'Alsace-Lorraine a continué à vivre depuis 1871 sous le régime du Concordat français de 1801. Plusieurs lois particulières du pays ont de plus amélioré considérablement la situation des ministres des cultes. Les congrégations enseignantes et hospitalières sont approuvées. Les écoles primaires sont confessionnelles ; dans les autres écoles l'enseignement religieux est obligatoire et il est donné par le clergé.

Là encore une transformation complète et subite entraînerait des conséquences d'autant plus graves que la population du pays est restée très religieuse. On pourrait se demander si le gouvernement français, entrant dans tous les droits du gouvernement allemand en Alsace-Lorraine, ne doit pas du même coup accepter toutes les charges des traités internationaux qui grèvent la succession. On pourrait encore arguer des droits acquis des intéressés pour en déduire la nécessité de maintenir les privilèges garantis par des lois locales. Mais nous ne nous arrêterons pas à ces questions de principes. Qu'il nous suffise d'établir qu'en France la loi de séparation a été longuement préparée par des travaux d'approche, s'il m'est permis de m'exprimer de la sorte, qu'il y a dès lors eu, des deux côtés, une accommodation progressive à ce qui se préparait et que, si la transformation des mœurs a été complète sur ce point, elle ne s'est faite que lentement et après des luttes très longues qui l'avaient préparée.

Or, en Alsace-Lorraine, nous ne trouvons rien de semblable. La législation religieuse s'est transformée au cours des 44 dernières années, mais ce fut plutôt dans le sens d'une collaboration plus intime entre l'Eglise et l'Etat. Si nous faisons abstraction d'un tout petit groupe parlementaire qui ne parlait de la séparation qu'incidemment, pour ne pas effaroucher ses propres électeurs, tous les partis favorisaient cette action commune. On se querellait bien un peu sur le caractère confessionnel de l'enseignement primaire, mais presque personne ne demandait la neutralité scolaire.

Il y a donc sur ce point, dont les anticléricaux les plus impénitents ne contesteront pas l'importance, antinomie totale entre les habitudes et coutumes de la France et celles de l'Alsace-Lorraine. On a marché, de part et d'autre, dans des voies complètement opposées. Si on veut se retrouver, il sera nécessaire de revenir en arrière, mais sans trop grande hâte et en apportant à la manœuvre tous les tempéraments qu'elle comporte.

Sans doute la liberté de l'enseignement, à tous ses degrés, cette liberté que l'Allemagne ne connut jamais, comportera pour nous des avantages qui nous consoleront en partie de la laïcité de l'enseignement officiel. Encore ne saurait-on procéder, sans provoquer d'unanimes protestations, à la laïcisation, sans longs délais, d'écoles où les congréganistes sont actuellement employés en si grand nombre.

Quant au Concordat lui-même, il y aurait le plus grand danger à l'écarter d'un geste brusque et dédaigneux dans un pays où les ministres des cultes exercent une si puissante action sur le peuple et où ils ont si largement contribué à maintenir les traditions françaises.

Je n'ai fait que vous énumérer quelques-unes des difficultés qui se produiront au lendemain du retour de l'Alsace-Lorraine à la France. La liste pourrait en être considérablement allongée.

Or, qu'on veuille bien ne pas nous faire un crime des embarras que nous allons ainsi créer, bien à contre-cœur, à la mère-patrie. Nous avons jadis été la rançon de la France. Pour obtenir l'évacuation de son territoire elle nous a livrés au vainqueur, et Dieu seul sait de quelles souffrances physiques et morales nous avons dû payer cet abandon. La pire de toutes ces épreuves fut incontestablement de ne plus pouvoir partager les destinées de la nation à laquelle nous avions si longtemps appartenu et d'être obligés de nous écarter d'elle, journellement davantage, par suite de la transformation constante de notre législation. Encore est-il équitable de ne pas nous faire porter la responsabilité de cet écart et de ne pas nous exposer à de désastreuses surprises en supprimant d'un seul coup toutes les oppositions malheureusement existantes.

Et ici je me vois obligé d'insister d'une façon toute particulière sur une des caractéristiques de ce peuple d'Alsace et de Lorraine que son martyre commun a étroitement soudé. Nous passions déjà, sous la domination française, pour être des « têtes carrées », pour vouloir maintenir, envers et contre tout, les particularités de notre race. L'Alsacien surtout était, comme le Breton, un têtu qui, tout en appréciant tous les bienfaits de la civilisation latine, entendait néanmoins garder son individualité ethnique.

Or, cette sorte d'instinct autonomiste, qui ne dépassait pas autrefois le respect des traditions locales, fut, durant les dernières années, notre principale sauvegarde contre l'emprise germanique. Tous ceux qui combattirent chez nous l'influence allemande, s'appliquèrent à développer l'esprit particulariste dans la population indigène. Ils étaient arrivés de la sorte à créer une âme alsacienne-lorraine qui, spécifiquement, se différenciait de l'âme allemande. Si nos provinces ont gardé l'empreinte profonde du passé, si le souvenir de la France est resté si vivace chez elles, c'est surtout parce que les prétendus autonomistes opposaient constamment les origines, l'histoire, la mentalité de notre race à celles des maîtres de notre pays.

La constitution fédérative de l'empire nous permettait de revenir sans cesse sur nos revendications particularistes. De plus, la cohabitation dans notre pays de deux populations à mœurs distinctes nous donnait fréquemment l'occasion de relever et d'accuser encore davantage les malentendus qui existaient entre elles.

Il n'en est pas moins vrai qu'à pratiquer

cette politique d'exaltation du particularisme, nous avons fini par créer un état d'esprit dont il faudra tenir compte dans une large mesure. Ce qui hier était une nécessité tactique sera demain un sérieux obstacle à la réassimilation. Les Alsaciens-Lorrains ne pouvaient se garder de l'absorption qu'en se concentrant sur eux-mêmes. Il faudra leur laisser le temps de s'abandonner dans le milieu nouveau, où ils s'apprêtent joyeusement à vivre, sans toutefois pouvoir renoncer immédiatement aux habitudes qu'ils avaient dû contracter.

Voilà les motifs qui nous poussent à demander, et cela dans l'intérêt même de la France, que, pendant quelques années, on donne à l'Alsace-Lorraine reconquise une législation provisoire qui permette à l'adaptation de s'opérer progressivement, sans à-coup, sans atteinte portée aux droits acquis et aux intérêts matériels et moraux de la population.

Je tiens à relever de suite, et je suis sûr d'être, en le disant, l'interprète de tous mes compatriotes, que cette période d'accommodation devra être courte, aussi courte que possible. Il ne nous vient nullement à l'idée de vouloir créer dans la France unifiée une province autonome. Quelques régionalistes aventureux pensaient que peut-être l'expérience, faite chez nous sous la pression d'événements exceptionnels, pourrait être le point de départ d'une refonte générale des institutions nationales. Derniers venus dans la famille française, nous ne souhaitons cependant en aucune manière, faire, même inconsciemment, le jeu de ceux qui rêvent de rétablir les anciennes provinces.

Non ! sans aucune arrière-pensée, nous vous disons tout uniment : « Si la fusion complète, totale, était possible sans provoquer de graves bouleversements, sans entraîner des ruines considérables, sans dérouter notre population et faire naître chez elle de stériles et dangereux regrets, nous l'accepterions avec enthousiasme. Malheureusement, il n'en est pas ainsi. Pendant notre long exil, nos pensées restaient unies par-dessus la frontière, mais nos lois, nos mœurs, nos intérêts s'écartaient les uns des autres. Le fait matériel, pour regrettable qu'on le trouve, est là. Il y a dissonnance. Pour rétablir l'accord, plusieurs années seront nécessaires. A tirer trop vite, et trop fort sur les cordes de l'instrument on risquerait de les briser. Nous voulons que l'Alsace-Lorraine disparaisse pour se transformer en trois départements qui ne se distingueront en aucune manière des 86 autres. Encore ne saurait-on procéder à cette transformation sans y apporter tout le tact et tous les tempéraments nécessaires. »

Est-ce là une revendication excessive ? Je ne le pense pas. S'il s'agissait d'incorporer à l'Etat français des pays conquis, habités par une race hostile et vis-à-vis de laquelle on ne serait tenu à aucun ménagement, une politique dilatoire ne serait peut-être pas de mise. Mais notre petit pays a été pendant deux siècles partie intégrante de la France et il n'a jamais cessé, sous le joug allemand, d'aimer son ancienne patrie. Ceux qui vous reviennent, Mesdames et Messieurs, et qui vous reviennent avec tant de joie enthousiaste, sont des frères, mais des frères qui ont été retenus pendant près d'un demi-siècle à l'étranger, qui ont désappris votre langue, qui ont dû adopter des manières nouvelles, qui, malgré leur profonde satisfaction présente, sont quelque peu ahuris de se retrouver en une société dont les pratiques et les coutumes ne leur sont plus familières. Leurs maîtres se sont férocement employés à les éloigner de vous, ils faisaient une guerre de tous les instants au culte du souvenir, aux traditions locales, à tout ce qui pouvait matériellement et moralement rattacher l'Alsacien-Lorrain à la France. Sans doute, notre population s'est vaillamment défendue contre cet envahissement de sa conscience par la pensée germanique ; mais on ne saurait nier qu'à pratiquer leur politique de tyrannie et de proscription, les Allemands ont obtenu, du moins dans le domaine de la législation et dans celui des intérêts qui en dépendent, d'appréciables résultats.

Tenez, prenons un fait patent. Il va vous montrer de suite combien, malgré les bonnes volontés réciproques, la domination prussienne a eu de fâcheuses conséquences. Je vous l'ai dit tout à l'heure, l'Allemagne victorieuse avait immédiatement proscrit d'Alsace-Lorraine l'enseignement de la langue française. Or, dans les classes populaires, l'école seule pouvait maintenir le culte du français dans un pays où l'ouvrier des villes et des campagnes a toujours parlé un dialecte germanique sans pour cela renier ses origines celto-gauloises.

La germanisation de l'école a donc, dans certains milieux, fait complètement disparaître la pratique du français. De là les pires malentendus. Déjà bien avant la guerre, les Alsaciens-Lorrains qui vivaient en France y recevaient un accueil décourageant. On leur faisait la suprême injure de les confondre avec ceux dont ils avaient fui la dure domination. Leur malheureux accent les signalait toujours aux quolibets, souvent aux injures de la foule, et là-bas nous revenait l'écho de la pénible surprise de ces malheureux qui pensaient être reçus à bras ouverts par leurs anciens compatriotes, et qui ne recueillaient, pour leur fidélité tenace, que les pires avanies.

Or, depuis l'ouverture des hostilités, ces préventions dont les Alsaciens-Lorrains sont les victimes, n'ont fait que s'accroître. Sans doute, trop souvent les Austro-Allemands, qui ne reculent pour s'assurer l'impunité devant aucune manœuvre déloyale, ont essayé de se faire passer pour des annexés. Mais était-il donc si malaisé de procéder à un savant triage ? Nous autres, qui avons longtemps pratiqué les deux populations de nos provinces, nous reconnaissons du premier coup et après un entretien de quelques minutes, le véritable Allemand de l'Alsacien-Lorrain de vieille souche. Nous flairons le Teuton comme le chien de chasse flaire le gibier, et je vous assure qu'avec un peu de pratique cela n'est pas difficile; car le fumet est si particulier et si fort.

Toujours est-il qu'on a souvent traité nos compatriotes résidant en France et ceux qui ont été recueillis dans les communes de l'Alsace-Lorraine occupées par les troupes françaises, comme de véritables ennemis, et cela toujours pour le même motif, parce qu'ils ne parlaient pas français ou le parlaient mal. Or comment pouvait-on faire à ces malheureux un crime de leur mauvais accent ? A qui la faute si les Allemands ont pu abuser de leur force pour nous faire désapprendre la langue des soldats de la Révolution et des deux empires ? Les Français, dont nous avons payé la liberté de la nôtre, ne devraient-ils pas au contraire éprouver une pitié attendrie pour les victimes de leurs anciennes faiblesses, et n'y a-t-il pas de la cruauté à rendre nos compatriotes responsables de ce qui les fait eux-mêmes tant souffrir ?

J'ai reçu des centaines de lettres des camps de concentration où étaient relégués des Alsaciens-Lorrains. Je les ai toutes conservées, car elles sont de merveilleux documents pour la mentalité de mes compatriotes. Les mêmes phrases y reviennent toujours. « Nous aimions la France de tout notre cœur. Pour sauvegarder son souvenir nous avions joyeusement consenti à tous les sacrifices. Pourquoi la France nous confond-elle avec les Allemands, nos communs ennemis? Qu'avons-nous fait pour être traités en suspects, être mis en prison, passer nos nuits sur de la paille, recevoir une nourriture insuffisante et souvent malpropre? Est-ce pour cela que nous avons tant et si longtemps souffert ? Eh bien ! malgré tout, nous continuons à chérir notre ancienne patrie. Vive la France, quand même et toujours ! »

Voilà ce qu'on trouve dans cette volumineuse correspondance qui souvent m'a, je le reconnais, arraché des larmes d'attendrissement et aussi d'impatience.

Le gouvernement de la République a compris qu'il y avait maldonne. Des commissions d'Alsaciens-Lorrains ont été instituées pour faire dans les camps de concentration les triages nécessaires entre annexés et Austro-Allemands. Il ressort cependant de là que, en dépit des efforts combinés du ministère et des collaborateurs qu'il avait choisis, les vieux préjugés subsistent. Munis de la carte tricolore, qui doit être pour eux un certificat de civisme français, les Alsaciens-Lorrains trouvent difficilement à se placer, et quand d'aventure ils ont trouvé un emploi, ils restent exposés à ces mille et une petites suspicions locales qui empoisonnent l'existence de ces gens au cœur simple, qui ne comprennent rien à cette sourde hostilité des frères retrouvés et qui s'en désespèrent, moins à cause de leurs épreuves présentes que parce qu'ils redoutent de n'être pas plus tard considérés comme des citoyens français de plein exercice.

Notez bien qu'il ne me vient pas à l'idée de vouloir dissimuler certaines faiblesses inexcusables. Parmi les Alsaciens-Lorrains évacués, il en est qui pourraient et devraient porter les armes. On les a soustraits au service dans l'armée allemande. Ce n'est pas une raison pour qu'ils refusent de s'engager dans les troupes françaises. Ces tireurs au flanc qui, dans une guerre où chacun est obligé de faire son devoir, se dérobent sans raison à tout danger, ne me paraissent en aucune manière intéressants. Le ministre de la guerre, tenant largement compte des circonstances, a prescrit de retirer du front allemand ou de n'y plus envoyer les Alsaciens-Lorrains qui pourraient être considérés comme déserteurs par l'ennemi et qui, étant fait prisonniers, risqueraient d'être passés par les armes. Mais la France a encore besoin de soldats au Maroc et aux Dardanelles. Il n'est que juste de demander aux jeunes hommes d'Alsace et de Lorraine d'aller se battre là-bas sous les plis du drapeau tricolore. Il serait cruel de les obliger, s'ils ne le veulent pas, à s'exposer à des dangers spéciaux, dont le moindre n'est pas celui de se trouver en présence de parents et d'amis enrôlés de force dans l'armée allemande ; mais ces dangers disparaissent dans le nord de l'Afrique et dans la Turquie d'Europe. Que les intéressés revêtent donc l'uniforme des zouaves ou qu'ils renoncent pour le moment à vouloir bénéficier de la bienveillance des autorités françaises.

Mais combien n'y a-t-il point, parmi les réfugiés, d'enfants et de vieillards, de femmes et de jeunes filles, qui ne peuvent porter les armes. Pourquoi ces malheureux sont-ils exposés à tant d'injustes rebuffades de la part de ceux qu'ils sont en droit de considérer comme leurs compatriotes?

Vous le voyez, Mesdames et Messieurs, la longue occupation de notre petit pays par les Allemands a créé des malentendus, et de ce fait regrettable nous sommes bien contraints, de gré ou de force, de tenir compte dans l'établissement de nos projets d'avenir.

L'Alsace-Lorraine n'est pas, elle ne peut malheureusement pas être, du moins au début de sa réoccupation, une province française entièrement semblable aux autres. De quelque manière qu'on envisage le problème de la réassimilation, on en vient toujours à la nécessité d'une période provisoire qui devra ménager de légitimes susceptibilités et préparer sagement les rapprochements nécessairement lents après la longue éparation.

Or, ici une question se pose, qui demande d'être courageusement envisagée. Les législations sont différentes, les habitudes varient.

L'adaptation progressive ne saurait se faire qu'avec mille ménagements. Qui pourra la préparer?

Trois hypothèses se présentent à nous. Le pouvoir législatif appartient en France au Parlement. Ce serait donc régulièrement aux deux Chambres que reviendrait l'honneur de voter les lois transitoires d'accommodation qu'il faudra édicter pour l'Alsace-Lorraine. Je suis sûr pour ma part que nous trouverions auprès des députés et des sénateurs la plus grande bienveillance ; mais il me sera bien permis de douter que, dans les deux assemblées, où les représentants de nos provinces ne formeront que des groupes minuscules, il y aura une compétence suffisante pour trancher tant et de si délicats problèmes. Et puis ne serait-il pas quelque peu ridicule de mettre en mouvement le lourd appareil du corps législatif français pour trancher des différends de si mince importance?

Une deuxième possibilité nous apparaît. Assisté d'un bureau pour l'Alsace-Lorraine, qui serait chargé de le renseigner, le président de la République pourrait lancer des décrets qui auraient force de loi dans les trois départements nouveaux. Or, tout en reconnaissant l'excellence de cette méthode intermédiaire, j'y vois un grave inconvénient. La loi constitutionnelle ne veut pas que les actes du président soient soumis à l'appréciation des Chambres. Si néanmoins celui-ci faisait acte de gouvernement dans une partie du territoire français, il serait difficile de le soustraire à des critiques parlementaires qui diminueraient le prestige de ses hautes fonctions.

Reste le troisième expédient, et c'est à dessein que j'emploie ce nom afin de bien préciser qu'il s'agit d'une institution purement précaire, dont la création nous est imposée par des circonstances spéciales, celle de la nomination d'un gouverneur ou d'un commissaire qui serait autorisé, sous le contrôle du ministère et des Chambres, à procéder en Alsace-Lorraine à l'adaptation progressive de la législation locale à celle de la France par ordonnances ayant force de loi.

Son action serait d'ailleurs limitée. Rien n'empêchera le Parlement de donner un premier statut assez détaillé aux nouveaux départements. Il n'y aura par exemple aucun inconvénient à introduire immédiatement chez nous le code civil et le code criminel français. On pourra encore d'une façon générale régler les questions scolaires et religieuses. Mais à côté des grandes directions, combien de détails d'application ne se soustrairont-ils pas à l'action parlementaire, si nous admettons qu'on devra tenir compte de tous les intérêts engagés.

Et puis, reconnaissons-le sans embages, si on veut éviter d'inutiles froissements et des malentendus qui pourraient devenir durables, il sera nécessaire également d'apporter le plus grand soin au choix du personnel administratif. Je l'ai dit et répété, les Alsaciens et les Lorrains se plaignaient surtout, sous le régime allemand, d'être gouvernés par des étrangers qui ne les comprenaient pas et ne voulaient pas les comprendre et ce fut surtout cette opposition entre gouvernants et gouvernés qui maintint chez eux l'esprit d'opposition irréductible.

Il ne faudrait pas que la France commît la même erreur que l'Allemagne. Or, elle peut l'éviter facilement. Nombreux sont en effet les fonctionnaires actuels, qui, en Alsace-Lorraine, ont, malgré leur dépendance vis-à-vis de l'autorité centrale, gardé à la France des sympathies qu'ils étaient obligés de dissimuler, mais qu'ils manifesteront avec bonheur le jour où cela leur sera possible. Il y a encore en France même des centaines de fonctionnaires, originaires des provinces annexées et qui en parlent la langue. La plupart d'entre eux n'ont qu'un rêve : retourner dans le pays où ils comptent tant de parents et d'amis pour y panser les plaies de leurs compatriotes.

Que les services compétents fassent une enquête. Dans ces milieux, ils trouveront presque tout le personnel qui sera nécessaire pour combler les vides provoqués par le départ des Allemands. Que si d'autres nominations sont indispensables qu'on y procède avec le constant souci de ne pas créer artificiellement des oppositions entre une population, que son long martyre a rendue particulièrement sensible à tous les froissements inutiles, et une administration qui, avant tout, devra faire oublier aux annexés d'hier leurs souffrances passées.

Il ne faut qu'à aucun prix et sur aucun point l'Alsacien-Lorrain puisse dire ou même penser : « Sous la domination allemande j'étais plus heureux. » Ce serait là en effet la faillite de toute la politique des protestataires et des nationalistes de notre petit pays. Depuis 44 ans nous disions à nos compatriotes, quand ils gémissaient sous la tyrannie allemande : « La France est le pays de toutes les libertés, de toutes les générosités, de tous les progrès, et l'heure viendra sûrement où nous lui ferons retour. »

Or, cette heure a sonné. Qu'elle ne marque aucune désillusion, aucune déconvenue. La France n'oubliera pas nos épreuves, elle se souviendra que nous avons accepté de souffrir pour lui permettre de se refaire. Elle ne voudra pas nous punir de notre longue attente et de notre confiance absolue en faisant immédiatement de nos pauvres provinces meurtries l'enjeu de vaines et mesquines rivalités politiques.

L'Alsace-Lorraine, à peine délivrée de l'oppression allemande, ne saurait être le champ clos des ambitions personnelles. Au-dessus des individus plane bien haut pour nous l'image radieuse de la patrie retrouvée. Cette image nous voulons la boire goûlument des yeux et du cœur, pure de toute compromission, libre de toute attache, souriante et sereine.

N'est-ce pas elle, d'ailleurs, que nous présentaient le généralissime Joffre et le Président de la République, M. Raymond Poincaré, quand à Thann ils annoncèrent solennellement aux populations des pays annexés, que la France respecterait leurs croyances, leurs coutumes et leurs traditions ?

Nous avons donc la parole de la France, qui, elle, ne déchire pas ses engagements comme des chiffons de papier.

TABLE DES MATIÈRES

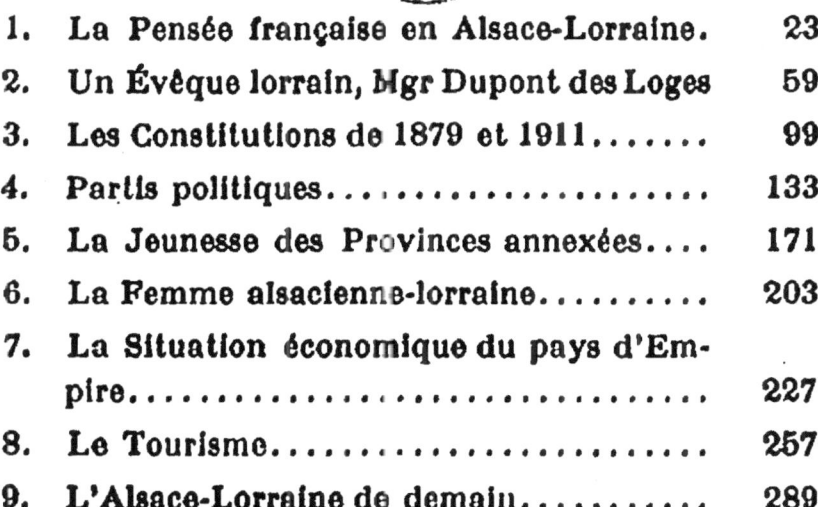

1.	La Pensée française en Alsace-Lorraine.	23
2.	Un Évêque lorrain, Mgr Dupont des Loges	59
3.	Les Constitutions de 1879 et 1911.......	99
4.	Partis politiques.....................	133
5.	La Jeunesse des Provinces annexées....	171
6.	La Femme alsacienne-lorraine..........	203
7.	La Situation économique du pays d'Empire...............................	227
8.	Le Tourisme........................	257
9.	L'Alsace-Lorraine de demain...........	289

Étampes. — Imp. La Semeuse. — 28.210

www.ingramcontent.com/pod-product-compliance
Lightning Source LLC
Chambersburg PA
CBHW071332150426
43191CB00007B/712